À propos de ce livre

Le World Wide Web, également appelé « WWW » ou le « Web », est la ressource la plus intéressante de l'Internet. Il contient des informations sur une multitude de sujets, présentées de façon attrayante à l'aide de mots, d'images, d'animations, de sons et de la vidéo. Chaque jour, de plus en plus de personnes ajoutent des informations sur le Web en créant leur propre site Web.

Qu'est-ce qu'un site Web ?

Les informations présentes sur le Web proviennent de millions de documents informatiques appelés pages Web, que tu peux consulter sur l'écran de ton ordinateur. Chaque page Web possède une adresse unique : c'est son URL (Uniform Resource Locator). Une URL spécifie l'endroit exact où une page est stockée sur le Web : il est donc facile de la localiser.

Un site Web est un groupe de pages Web créé par une personne ou par une organisation. Les différentes pages d'un site Web sont toutes reliées les unes aux autres. On peut se déplacer de l'une à l'autre en cliquant sur des mots et sur des images appelés liens hypertextes.

Ce livre te propose deux méthodes pour créer ton site Web, et il t'explique avec précision comment préparer des images, des sons et des animations. Il t'indique aussi comment transférer ton site sur le Web depuis ton ordinateur.

Les deux méthodes

La première méthode consiste à utiliser un code informatique appelé Hypertext MarkUp Language (HTML), que tu vas apprendre à utiliser dans ce livre.

Si tu décides d'avoir recours au HTML, tu n'auras sans doute pas besoin de nouveaux logiciels. Tout ce dont tu auras besoin, c'est d'un programme de traitement de texte ou bien d'un éditeur de texte. La plupart des ordinateurs sont livrés avec un éditeur de texte préinstallé. Par exemple, Microsoft Windows® 95 contient Bloc-notes et la plupart des ordinateurs Macintosh sont dotés de SimpleText.

Si tu ne veux pas apprendre le HTML, il te faudra un programme appelé éditeur HTML. Il en existe différents types et il est possible d'en commander ou d'en télécharger un depuis l'Internet. (Pour en savoir plus sur les éditeurs HTML, reporte-toi aux pages 6 et 7.)

Quelle que soit la méthode choisie, tu auras besoin d'un ordinateur connecté à Internet et d'un programme appelé navigateur (*browser*).

Le navigateur

Un navigateur est un programme qui te permet de consulter les pages Web. L'un des plus courants s'appelle Netscape Navigator®. C'est celui-ci qui a été utilisé pour les exemples fournis dans ce livre. Pour savoir comment te procurer Netscape Navigator, reporte-toi aux pages 40 et 41.

Ne t'inquiète pas si tu possèdes un autre navigateur, comme Microsoft® Internet Explorer. La plupart des navigateurs sont similaires. En te servant des exemples de ce livre comme d'un guide, tu parviendras sans peine à maîtriser le fonctionnement de ton propre navigateur.

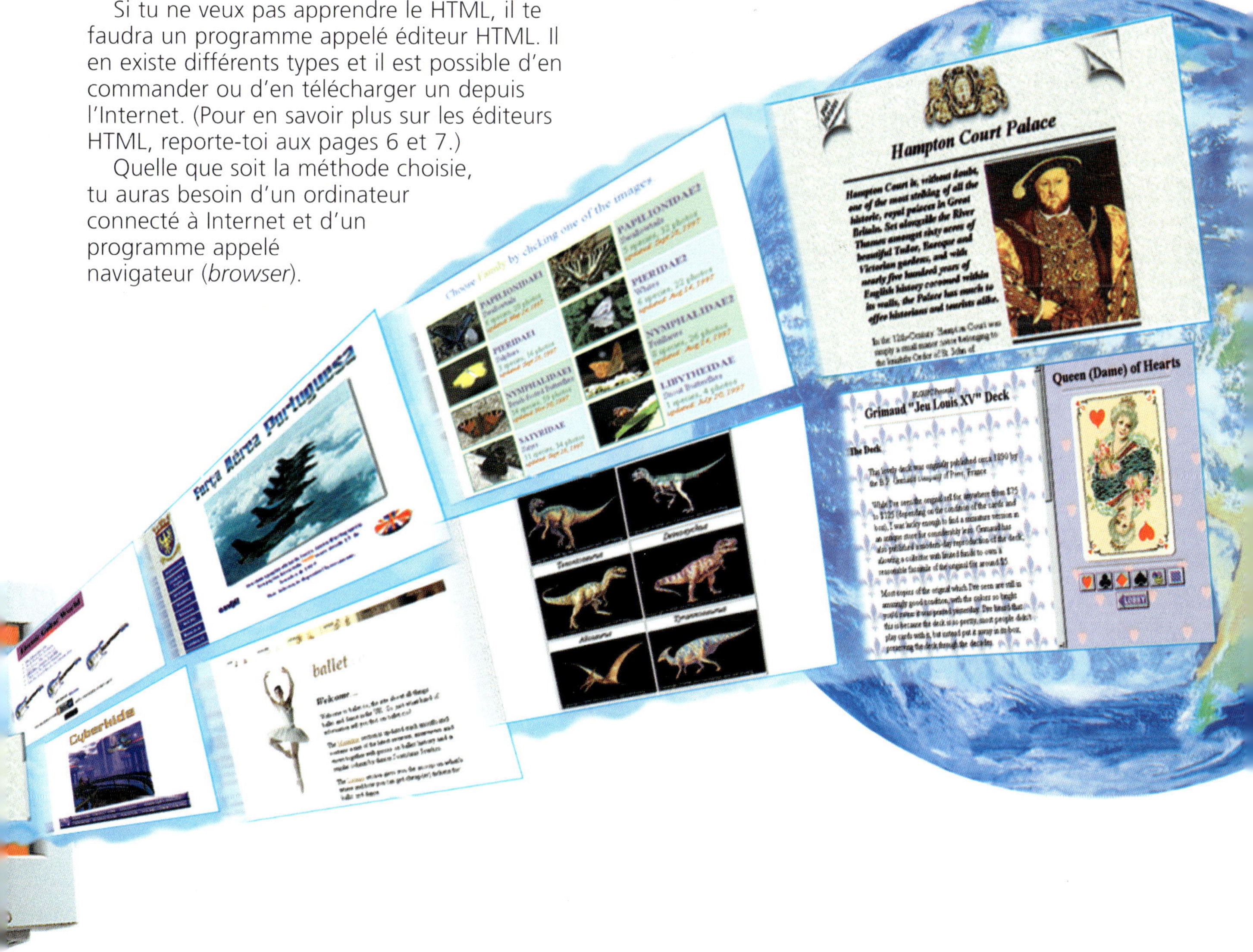

Pourquoi créer un site Web ?

Chaque personne ou organisation qui crée un site Web veut communiquer des informations à des millions d'autres utilisateurs du Web. Voici certaines raisons qui les poussent à le faire.

Être connu dans le monde entier

Les gens qui utilisent le Net créent des sites Web pour parler d'eux-mêmes, de leur famille et de leurs amis. Ils mentionnent souvent leurs passe-temps favoris.

Le site Web d'une famille

Le site d'un constructeur d'automobiles

Faire de la publicité et vendre

Les sites Web constituent un excellent moyen pour les sociétés de fournir les dernières informations en date sur leurs produits et services. Nombre de sites commerciaux contiennent des formulaires que les clients peuvent remplir pour commander et payer les produits vantés sur ces sites.

Publier un « fanzine »

Les « fans » d'un groupe pop, d'une célébrité, d'un film ou encore d'une émission télévisée lui consacrent parfois leurs pages Web. Il existe ainsi des « fanzines » spécialement conçus pour le Web. Ils contiennent des récits, des photos, des clips sonores, des vidéos et toutes sortes d'informations destinées à d'autres « fans ».

Un site consacré à un groupe pop

Un formulaire qui figure sur le site d'une station de radio.

Établir des contacts

Toutes sortes d'organisations utilisent le Web pour se renseigner à propos d'autres utilisateurs du Web. Par exemple, les sociétés incluent des formulaires sur leur site pour déterminer les préférences ainsi que l'opinion de leurs clients. Elles se servent des diverses informations ainsi recueillies pour améliorer les produits ou les services qu'elles proposent.

Distraire les utilisateurs du Web

Les sociétés de production se servent du Web pour assurer la promotion d'émissions télévisées, de films ou de musiciens. Des informations de dernière minute, des images, ainsi que des clips sonores et vidéos sont offerts au public. Il existe aussi des sites qui proposent des histoires drôles, des dessins animés, des jeux et des récits divers.

Le site Web d'une émission télévisée

Partager ses connaissances

Chercheurs, étudiants et spécialistes créent des sites Web pour communiquer aux autres des informations utiles. Depuis les recettes de cuisine jusqu'aux conseils médicaux, en passant par des articles d'universitaires et des cours de dessin, on trouve tout sur le Web !

Un site qui se propose d'aider les enfants à faire leurs devoirs.

Le site Web d'un organisme de bienfaisance qui vient en aide aux enfants du monde entier.

Un site Web consacré à la famille royale suédoise

S'engager pour une cause

Les œuvres de bienfaisance, les partis politiques et les organisations religieuses utilisent les sites Web pour expliquer leurs objectifs et leur « credo ». Ils présentent parfois le détail de leurs campagnes et des résultats qu'ils ont obtenus. Certains sites indiquent en outre la procédure à suivre pour envoyer de l'argent ou prendre part à telle ou telle activité.

Promouvoir un pays

Les sites Web des gouvernements fournissent aux utilisateurs du Web des informations relatives aux activités des divers organes gouvernementaux.

Chacun de ces sites a une fonction précise. Par exemple, certains encouragent le tourisme, d'autres indiquent où il est possible d'obtenir une aide juridique ou médicale, d'autres encore présentent des personnalités publiques, comme des hommes politiques.

Un éditeur HTML est un programme qui t'aide à créer des pages Web. Il produit automatiquement du HTML, le code informatique qui transforme les documents ordinaires en pages Web. L'avantage de l'éditeur HTML, c'est que tu n'as pas besoin d'apprendre ce langage pour créer ton site Web.

Ce chapitre te montre comment utiliser deux types d'éditeurs HTML. Il te fournit également quelques conseils pour t'en procurer un.

Les éditeurs HTML « WYSIWYG »

Le type le plus courant d'éditeur HTML est le « WYSIWYG » (en anglais *What You See Is What You Get*). En français, on parle d'éditeur « tel-tel » (tel écran-tel écrit) : à mesure que tu crées tes pages Web grâce à cet éditeur, il te montre à quoi elles ressembleront lorsqu'elles seront visualisées à l'aide d'un navigateur. Tu peux voir tous les mots, images et animations que tu as inclus sur ta page.

Comment se servir d'un éditeur « WYSIWYG »

Avec un éditeur « WYSIWYG », tu commences par taper du texte à l'intérieur d'un document vide. Tu peux insérer des fichiers créés dans d'autres programmes, comme des images, des animations ou des sons, chaque fois que tu le désires.

Une fois que tu as créé une page, tu peux réorganiser les informations qu'elle contient en déplaçant certains morceaux de texte ou d'images. Pour ce faire, tu peux utiliser plusieurs touches ou commandes. Par exemple, pour modifier l'aspect d'un mot, tu peux le sélectionner avec ta souris et cliquer sur un bouton pour qu'il apparaisse en gras, en italique ou souligné.

À mesure que tu crées ta page, un éditeur HTML produit automatiquement le code HTML qui permet à un navigateur de comprendre et d'afficher correctement les informations.

Un éditeur tel-tel appelé Microsoft® FrontPage® Express

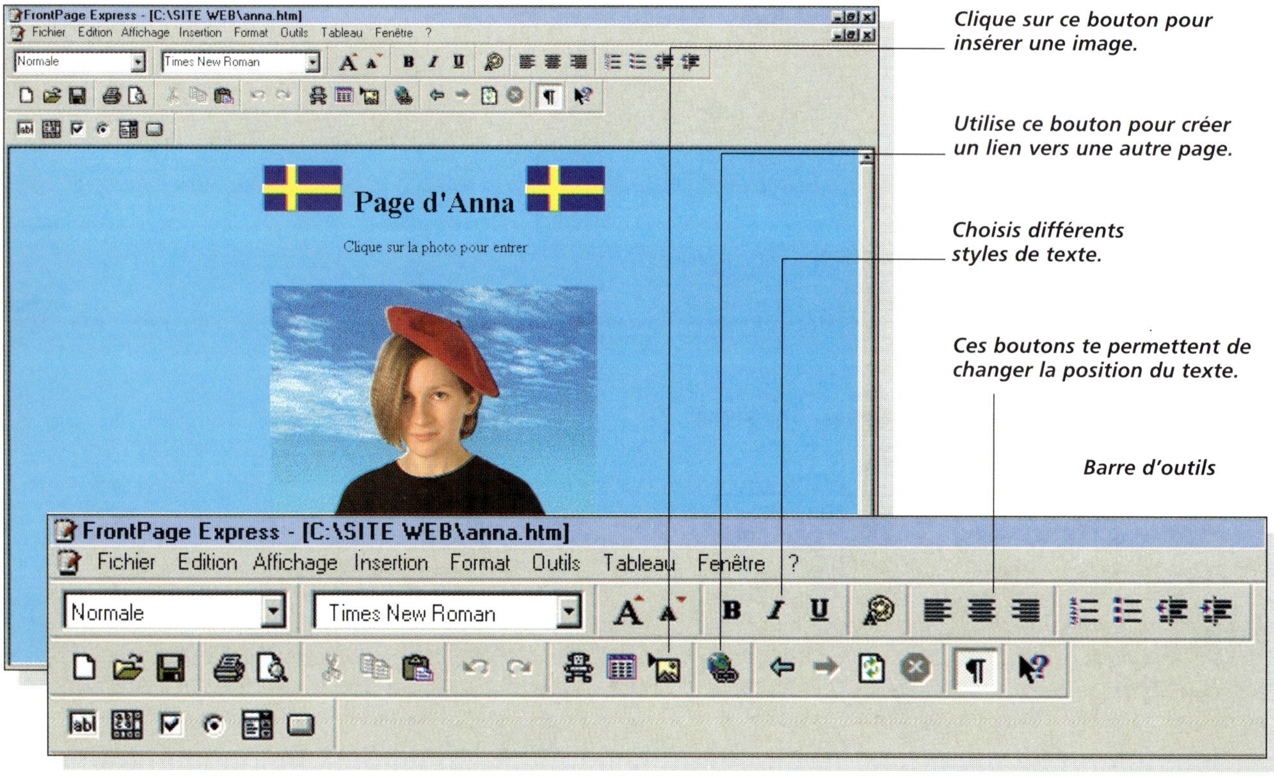

Créer un site à l'aide de blocs

Certains éditeurs HTML fonctionnent de façon différente. Hotdog Express, spécialement conçu pour les débutants, utilise des blocs représentant une partie de la page Web, par exemple un paragraphe, une image ou une ligne horizontale.

Pour créer une page Web, tu places les blocs dans l'ordre qui te convient. Tu te sers d'une boîte de dialogue pour spécifier l'aspect que tu désires donner à telle image ou à telle partie du texte. À tout moment, tu peux demander à Hotdog Express de te montrer à quoi ta page ressemblera sur le Web.

Hotdog Express

Utilise cet écran pour créer une page Web.

Clique ici pour avoir un aperçu de ta page.

Voici un aperçu de la page Web produite par le programme

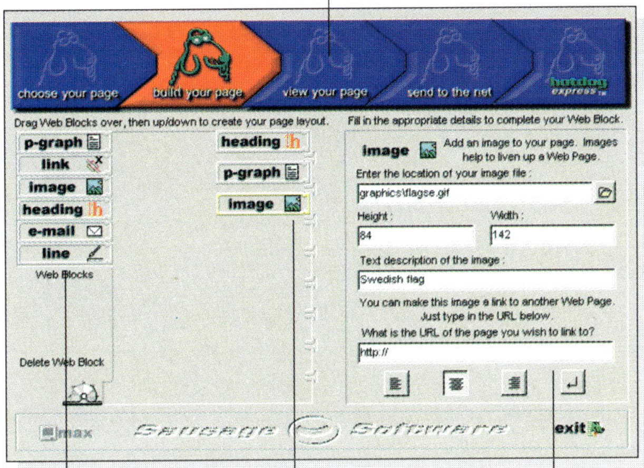

Choisis un bloc parmi ceux-ci.

Pour ordonner les blocs, c'est ici.

Utilise cette boîte de dialogue pour donner des détails sur chaque partie de ta page.

Utilise cette section pour sélectionner un arrière-plan pour ta page.

Comment se procurer un éditeur HTML

Voici quelques informations pour t'aider à te procurer un éditeur HTML :

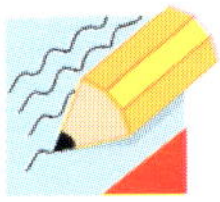

Où puis-je trouver un éditeur HTML ?
À la page 41 figure une liste de sites Web à partir desquels tu peux commander ou télécharger des éditeurs HTML. Tu peux aussi utiliser un « moteur de recherche » (voir la liste page 43) pour trouver des sites similaires. Il s'agit d'un programme qui recherche sur le Web des pages qui contiennent un mot ou plusieurs mots, comme par exemple **éditeur HTML** (*Web editor* en anglais).

Combien cela coûtera-t-il ?
Certains éditeurs HTML sont gratuits. Par exemple, Microsoft FrontPage Express (voir page 6), est fourni gratuitement avec le navigateur de Microsoft, Internet Explorer 4.0. Tu peux aussi te procurer gratuitement un éditeur HTML appelé Netscape Composer à partir du Net.

Il existe aussi de nombreux éditeurs HTML payants, mais tu peux en essayer la plupart gratuitement pendant une période limitée. Il est souhaitable de tester plusieurs programmes de cette façon avant de dépenser de l'argent.

Comment planifier ton site Web

Avant de te lancer dans la création de ton site Web, il est conseillé de le planifier. Tu dois déterminer quel type d'informations tu vas inclure et de quelle manière tu vas les organiser. Avant d'utiliser ton ordinateur, jette quelques idées sur le papier : ainsi, tu pourras trouver la meilleure façon de les présenter.

La sécurité d'abord

Des millions d'utilisateurs du Web pourront consulter les informations fournies sur ton site Web. Alors, ne mentionne ni ton adresse, ni ton numéro de téléphone !

Détermine le contenu

Sur le Web, tu peux communiquer des informations à d'autres personnes en utilisant non seulement des mots, mais aussi des sons et des images. Par exemple, si tu es musicien, tu peux inclure un court extrait d'un de tes morceaux. Si tu fais partie d'un club, tu peux te servir de photos pour présenter les autres membres ou montrer les activités que vous organisez. Tu peux également inclure le programme des manifestations à venir.

Et pourquoi ne pas décorer tes pages Web à l'aide de photos ou d'images créées sur ordinateur ? On appelle infographie la création d'images assistée par ordinateur.

Organise le contenu de ton site

Détermine le nombre de pages de ton site Web et fais en sorte qu'elles soient à peu près toutes de la même taille. Pour chaque page, choisis un titre qui donne une idée des informations qu'elle contient : « À propos d'Usborne » ou « Guides d'informatique », par exemple. Cela t'aidera à répartir les informations entre les pages.

Quelle quantité ?

Ne cherche pas à remplir tes pages au maximum. Elles doivent contenir assez d'informations pour remplir un écran. Mais s'il faut faire défiler plus de deux écrans pour arriver au bas d'une page, essaie plutôt de subdiviser cette longue page en plusieurs pages plus courtes.

Voici quelques exemples de ce que tu peux inclure sur ton site Web.

Sons : pour la marche à suivre, lis la page 27.

Arrière-plans : pour savoir comment en ajouter, lis la page 23.

Photos : apprends comment en inclure sur ton site à la page 22.

Liens hypertextes : à la page 25, tu apprendras à créer des liens graphiques.

La mise en page

Tu pourrais concevoir ta page Web sur papier : si tu dessines plusieurs esquisses (voir ci-dessus), il te sera plus facile de déterminer où placer les images par rapport au texte.

La page d'accueil

Une fois que tu auras décidé ce que tu veux inclure sur ton site, tu pourras concevoir ta page d'accueil. Il s'agit d'une page d'introduction qui indique aux visiteurs quelles informations ton site contient. Elle peut également préciser la date de création ou de dernière mise à jour du site.

Une page d'accueil

Cette image est un lien vers une page consacrée à la musique.

Celle-ci est un lien vers une page contenant des photos.

Ce lien conduit à une page sur le football.

Clique ici pour envoyer un message à la créatrice de ce site.

Saisis tes informations

Une fois que tu as « dessiné les plans » de ton site Web sur papier, il est temps de saisir les informations sur ton ordinateur. Le programme que tu vas utiliser dépendra de la méthode que tu as choisie pour créer ton site Web (voir pages 2 et 3).

Si tu as décidé de ne pas apprendre le HTML, tu te serviras d'un éditeur HTML.

Si tu as décidé d'apprendre le HTML, tu pourras taper tes informations grâce à n'importe quel éditeur de texte ou programme de traitement de texte.

Quelle que soit la méthode choisie, il est préférable de créer un document distinct pour chacune de tes pages.

La sauvegarde des pages Web

Même un petit site Web peut être constitué de plusieurs fichiers. Il se peut que tu veuilles créer un nouveau répertoire ou un nouveau dossier sur ton disque dur, sur lequel sauvegarder les fichiers à mesure que tu les crées. Chaque fichier doit porter un nom qui ne comporte pas plus de huit lettres ou chiffres.

Si tu te sers d'un éditeur HTML, il enregistrera automatiquement ton travail sous forme de page Web quand tu appuieras sur le bouton ou sur la commande *Enregistrer*.

Si tu te sers d'un éditeur de texte ou d'un programme de traitement de texte, il te faudra lui expliquer comment sauvegarder ton travail en tapant des informations spécifiques dans la boîte de dialogue Enregistrer sous. Commence par t'assurer que *Texte seulement* est sélectionné dans *Enregistrer au format* ou *Type*. Pour spécifier que le fichier en question est une page Web, ajoute le suffixe **.htm** au nom du fichier.

La boîte de dialogue Enregistrer Sous de Bloc-notes

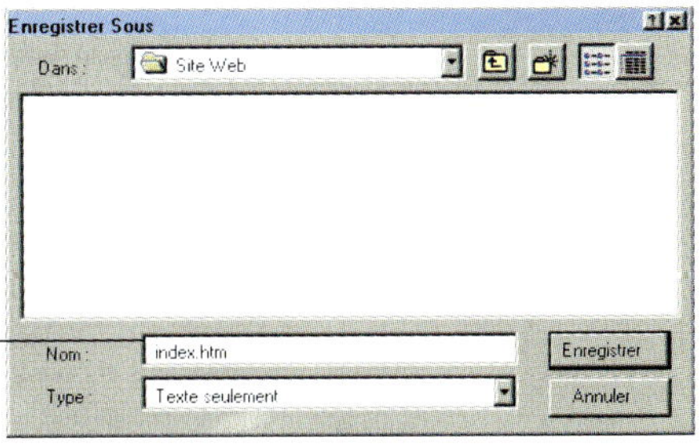

On appelle souvent la page d'accueil « index ».

Le HTML

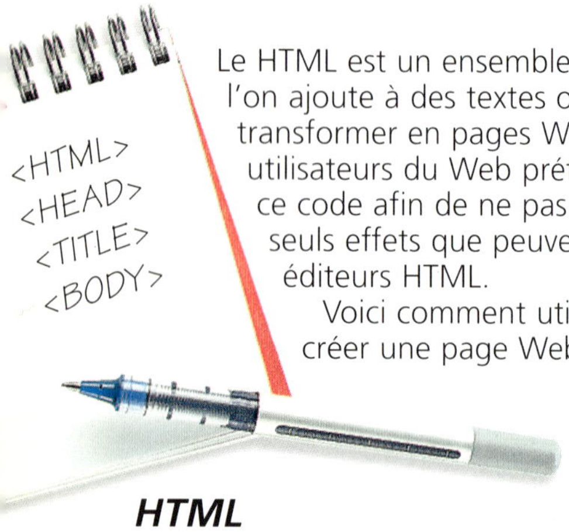

Le HTML est un ensemble d'instructions que l'on ajoute à des textes ordinaires pour les transformer en pages Web. De nombreux utilisateurs du Web préfèrent apprendre ce code afin de ne pas être limités aux seuls effets que peuvent créer les éditeurs HTML.

Voici comment utiliser le HTML pour créer une page Web élémentaire.

HTML

Les instructions en HTML indiquent au navigateur que le document est une page Web et la manière dont les informations qu'elle contient doivent être disposées. Par exemple, certaines instructions HTML indiquent au navigateur où placer le texte sur la page. D'autres lui indiquent comment les mots doivent apparaître.

Les balises

Les instructions HTML sont encadrées par des balises. Les balises fonctionnent en général par paire – une balise d'ouverture et une balise de fin. La balise d'ouverture précède les mots qui sont touchés par l'instruction, et la balise de fin les suit. Dans cette exemple, l'instruction s'applique au mot « Maria ».

Balise d'ouverture — <B> Maria </B> — **Balise de fin**

Chaque partie de la balise se trouve entre les symboles : < >. Dans cet exemple, B indique au navigateur d'afficher Maria en caractères gras (en anglais *bold*). Les balises de fin contiennent toujours une barre oblique : </ >.

On peut taper les balises en majuscules ou en minuscules. Toutefois, il est préférable d'utiliser des majuscules, car les balises ressortent mieux. Il est ensuite plus facile de les repérer et de les modifier lorsque l'on veut apporter des changements à ses pages Web.

La « source » d'une page Web

Connecte ton ordinateur à Internet et télécharge une page Web. Tu ne distingues aucune des balises HTML lorsque tu consultes cette page par l'intermédiaire de ton navigateur.

On appelle « source » les codes HTML utilisés pour créer une page Web. Pour voir la source d'une page Web, choisis *Source de la page* ou *Source* dans le menu *Affichage*. Le langage HTML est d'un abord compliqué, mais il est en fait très simple à utiliser (bien que le codage des sources soit en anglais).

La page d'accueil de Yahoo! et sa source

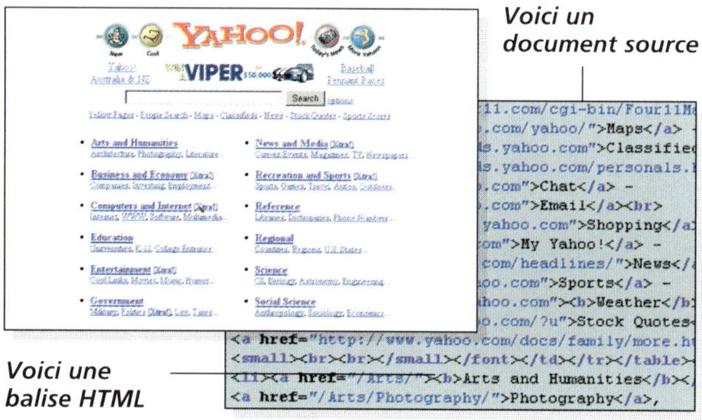

Un code universel

Le HTML est un langage multi-plates-formes, ce qui signifie qu'il peut être compris par n'importe quel type d'ordinateur, quel que soit le type d'ordinateur utilisé pour créer le document Web. Si tu possèdes un Mac, tu peux consulter une page Web créée sur un PC compatible IBM.

Un PC compatible IBM et un Mac qui affichent la même page Web.

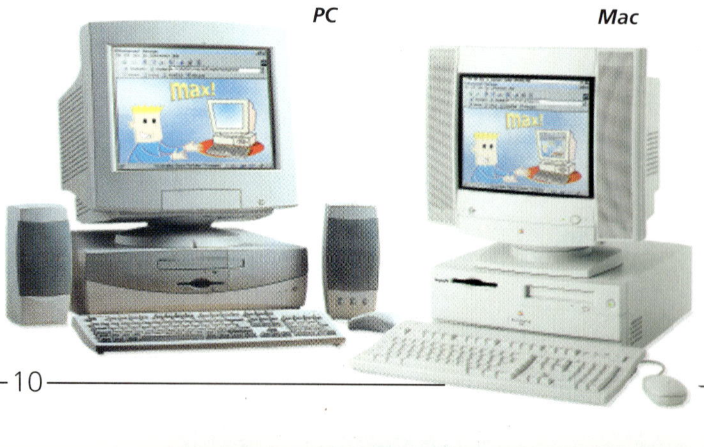

 <P> <B> <I> <CENTRE> <HTML> <HEAD>

Des codes essentiels

Certaines balises essentielles apparaissent dans tout document source. Les balises ci-dessous doivent apparaître en tête d'un document.

<HTML>
<HEAD>
<TITLE> titre de la page </TITLE>
</HEAD>
<BODY>

Dans ton éditeur de texte, ouvre ta page d'accueil. Tape la série de balises ci-dessus en haut. Choisis un titre approprié pour ta page, par exemple « page d'accueil de Maria », et tape-le à l'endroit où les mots « titre de la page » apparaissent ci-dessus. Ensuite, tape ces deux balises au bas de ton document :

</BODY>
</HTML>

Une fois que tu as fini, sauvegarde ton document. Il devrait être similaire au document source qui figure ci-dessous.

Comment utiliser ton navigateur

Tu peux maintenant consulter ton document par l'intermédiaire de ton navigateur. Pour ce faire, démarre le navigateur sans te connecter à Internet. Sélectionne *Consulter une page...* dans le menu *Fichier*. Sélectionne alors ton document dans la boîte de dialogue Choisir le fichier et clique sur *Ouvrir*. Ton document apparaîtra alors dans la fenêtre de ton navigateur sous la forme d'une page Web similaire à celle qui figure ci-dessous.

D'autres instructions HTML

Au fil de cet ouvrage, tu vas découvrir des instructions qui te permettront de modifier l'aspect des mots sur une page Web et d'ajouter des images, des sons et des liens hypertextes.

Pour ajouter ces instructions à ta source, ouvre-la avec ton éditeur de texte. Une fois que tu auras procédé aux modifications, enregistre le fichier. Tu pourras les visualiser en ouvrant de nouveau le fichier dans ton navigateur ou en cliquant sur le bouton *Recharger* ou *Actualiser* de ton navigateur.

Un document source et la page Web qu'il produit.

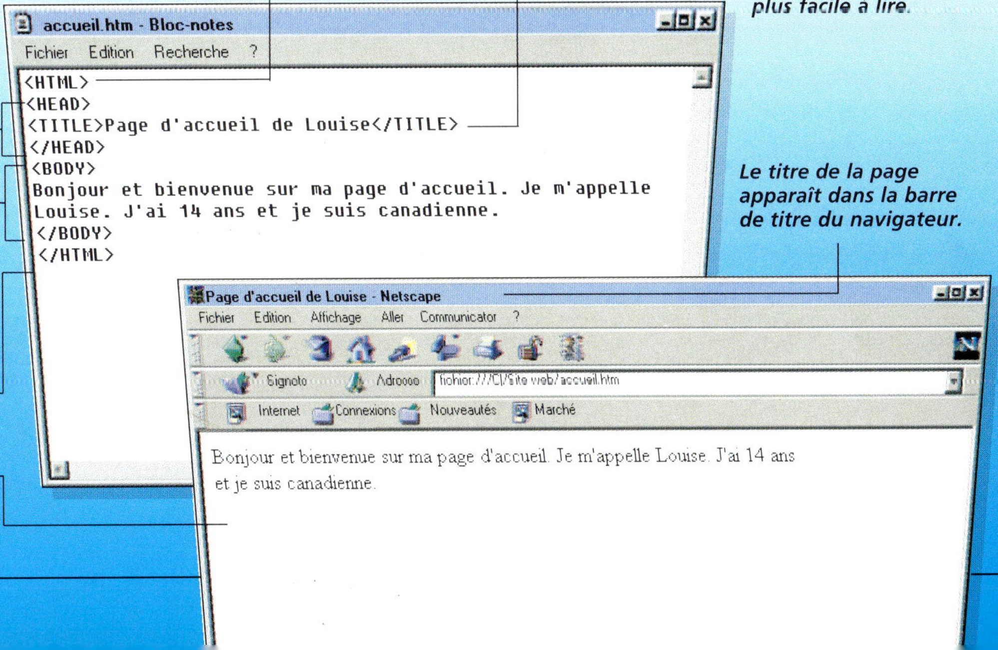

Effets spéciaux avec le texte

Ces pages proposent des instructions HTML qui modifient l'apparence du texte sur une page Web.

Subdiviser le texte

Il est difficile de lire un texte long sur un écran d'ordinateur. Pour rendre la lecture de ta page plus facile aux utilisateurs du Web, subdivise ton texte en sections assez courtes.

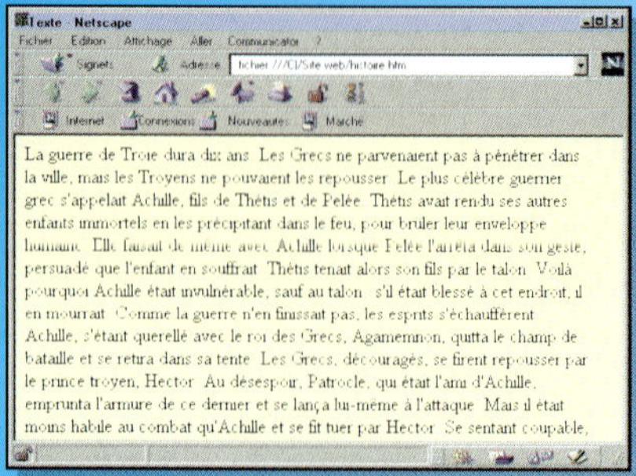

Il est difficile et ennuyeux de lire d'énormes « pavés » de texte.

Tu peux commencer par indiquer à ton navigateur d'aller à la ligne ou de commencer un nouveau paragraphe. Les balises qu'il te faut utiliser pour y parvenir fonctionnent seules, et non en paires.

Pour indiquer au navigateur d'entamer un nouveau paragraphe, tape <P> devant le premier mot du paragraphe en question dans la source. Le navigateur insérera un blanc entre le paragraphe précédent et le nouveau.

Pour indiquer au navigateur d'aller à la ligne, tape <BR> là où tu veux que la ligne commence.

Un document source et sa page Web

```
<HTML>
<HEAD><TITLE>Contactez-nous</TITLE>
</HEAD>
<BODY>
Le bureau des editions Usborne se trouve a Londres.
<P>Merci d'adresser toutes vos demandes a cette adresse :
<P>Usborne Publishing<BR>Usborne House<BR>83-85 Saffron
Hill<BR>Londres<BR>EC1N 8RT<BR>Royaume-Uni
</BODY>
</HTML>
```

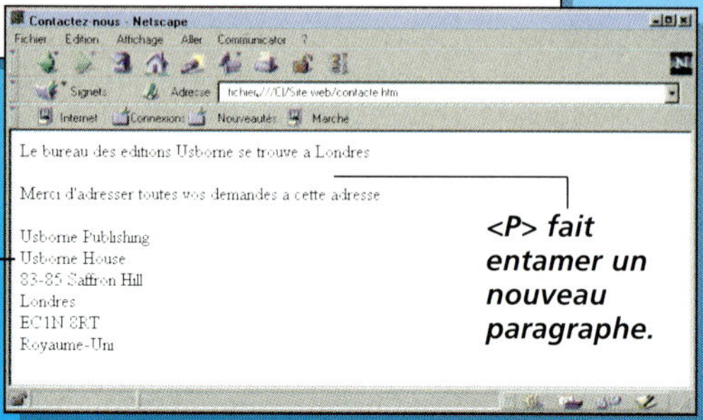

***
 fait passer à la ligne.***

<P> fait entamer un nouveau paragraphe.

Les espaces blancs

Il est plus facile de travailler sur un document source qui contient de nombreux espaces blancs. Tu peux utiliser la touche Entrée aussi souvent que tu le souhaites pour créer des espaces blancs dans tes sources et rendre ton document plus facile à lire. Cela n'affectera pas l'aspect de tes pages Web. Mais les navigateurs ne créent de tels espaces que si tu leur en donnes l'instruction à l'aide de balises.

Ces deux documents sources produisent la même page Web.

```
<HTML>
<HEAD>
<TITLE>Contactez-nous</TITLE>
</HEAD>
<BODY> Le bureau des editions Usborne se trouve a
Londres.

<P>Merci d'adresser toutes vos demandes a cette
adresse :

<P>Usborne Publishing
<BR>Usborne House
<BR>83-85 Saffron Hill
<BR>Londres
<BR>EC1N 8RT
<BR>Roya
</BODY>
</HTML>
```

```
<HTML><HEAD><TITLE>Contactez-nous</TITLE></HEAD>
<BODY>Le bureau des editions Usborne se trouve
a Londres.<P>Merci d'adresser toutes vos demandes
a cette adresse :<P>Usborne Publishing <BR>Usborne
House<BR>83-85 Saffron Hill<BR>Londres<BR>EC1N
8RT><BR>Royaume-Uni</BODY></HTML>
```

Ce document source est beaucoup plus facile à lire.

Mettre du texte en relief

Tu peux utiliser le gras et l'italique pour faire ressortir certains mots du texte.

Ton éditeur de texte contient sans doute des boutons ou des commandes qui convertissent les mots en gras ou en italique. Toutefois, quand un navigateur affiche une page Web, il ne tient pas compte des effets spéciaux produits à l'aide de ces outils. Il ne reconnaît que les instructions HTML.

Pour indiquer au navigateur d'afficher une partie du texte en gras, tape <B> devant le texte en question et </B> après, comme ceci : <B>Usborne</B>.

Pour indiquer au navigateur d'afficher une partie de texte en italique, tape <I> devant le texte en question et </I> après, comme ceci : <I>Usborne</I>.

La taille des caractères

Tu peux aussi mettre un mot en relief en modifiant la taille de ses lettres. Il existe sept tailles de lettres. La taille 1 (en anglais *font size* 1) est la plus petite, la taille 7 (*font size* 7) la plus grande.

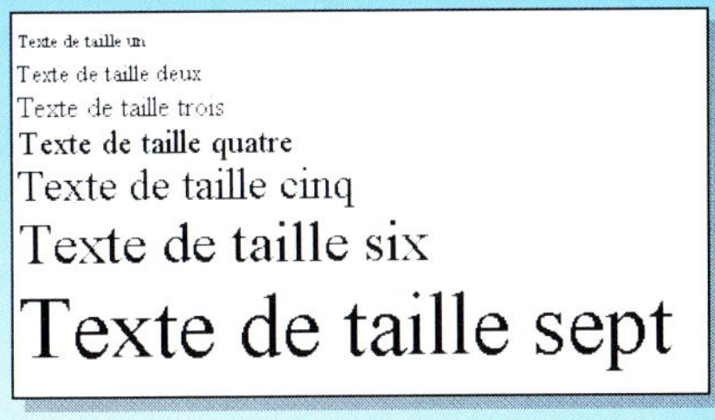

Sur cette image, tu peux comparer les sept tailles.

Pour passer en taille 6, il faut taper <FONT SIZE="6"> devant la partie de texte à modifier et </FONT> après. Pour utiliser une taille différente, il suffit de remplacer 6 par un autre chiffre.

Les en-têtes de section

Il est souhaitable de faire précéder d'un en-tête de section (*heading*) chaque section de texte de ta page Web. Les visiteurs trouveront plus facilement les informations qu'ils recherchent.

Il existe six tailles d'en-têtes de section. Les en-têtes de niveau 1 sont les plus gros, ceux de niveau 6 les plus petits. On se sert en général des niveaux 1, 2 et 3.

Les en-têtes de section indiquent les subdivisions du texte.

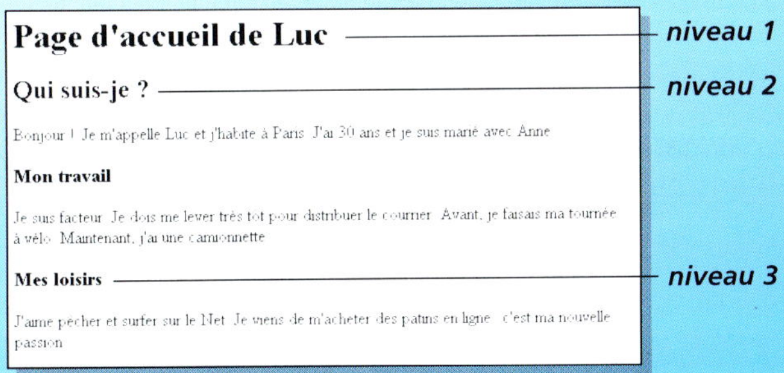

Pour obtenir un en-tête de niveau 1, tape <H1> devant le texte en question et </H1> après. Utilise les mêmes balises pour les autres tailles, mais en remplaçant 1 par d'autres chiffres.

Quelles balises utiliser ?

Bien que les balises « heading » et <FONT SIZE> modifient chacune la taille du texte, elles ne sont pas interchangeables.

Une balise « heading » ne doit être utilisée que pour changer la taille des en-têtes de section. Elle appartient à un groupe de balises de type structurel. Les navigateurs laissent automatiquement une ligne blanche après ce type de balises.

C'est une balise <FONT SIZE> qui doit être utilisée pour le reste du texte. Elle appartient à un groupe de balises de type textuel, et non sa position sur la page.

Tu trouveras des listes d'autres éléments structurels et textuels sur les sites Web spécialisés dans le HTML (voir page 43).

Les combinaisons de balises

Quand on place plus de deux balises autour d'un morceau de texte, il est important de les insérer dans le bon ordre, comme ci-dessous :

Deux balises placées correctement

Une instruction peut en contenir une autre.

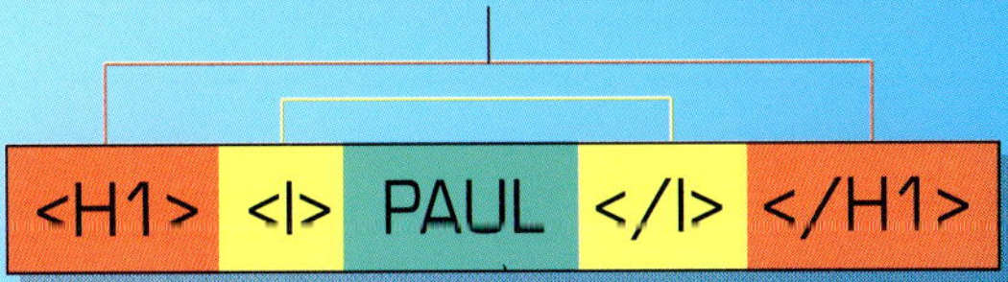

Deux balises placées incorrectement

Les balises ne doivent pas se chevaucher.

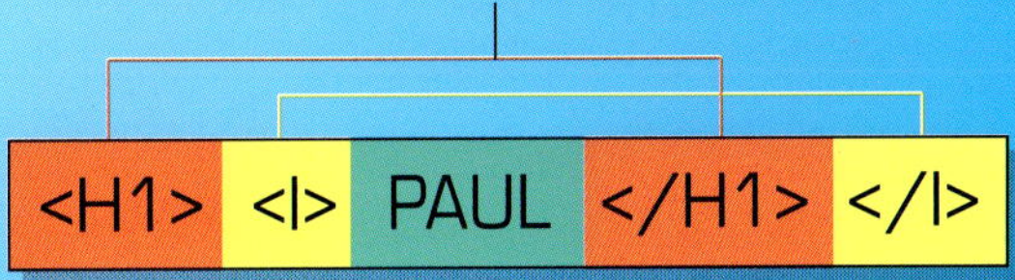

Les éléments structurels peuvent en contenir d'autres, mais ils peuvent aussi contenir des éléments textuels. Les éléments textuels ne peuvent par contre contenir que d'autres éléments textuels.

La couleur

Sauf instruction contraire, les navigateurs affichent le texte en noir sur fond gris ou blanc. Pour rendre ton site Web plus attrayant, tu peux utiliser des couleurs différentes pour l'arrière-plan et pour le texte.

Comment décrire les couleurs

Lorsqu'on décrit les couleurs, on utilise des adjectifs tels que clair, foncé et lumineux pour faire la distinction entre les différentes teintes. Pour sa part, l'ordinateur les décrit en utilisant des combinaisons de lettres et de chiffres : ce sont des codes couleur hexadécimaux. Ces codes sont toujours constitués de six caractères. Ainsi, le code 000000 décrit le noir.

Une instruction HTML qui indique à un navigateur d'utiliser une couleur particulière doit toujours contenir un code couleur hexadécimal.

Les codes couleur

Tu trouveras les adresses de sites Web qui fournissent la liste des codes hexadécimaux à la page 41, mais en voici déjà quelques-uns :

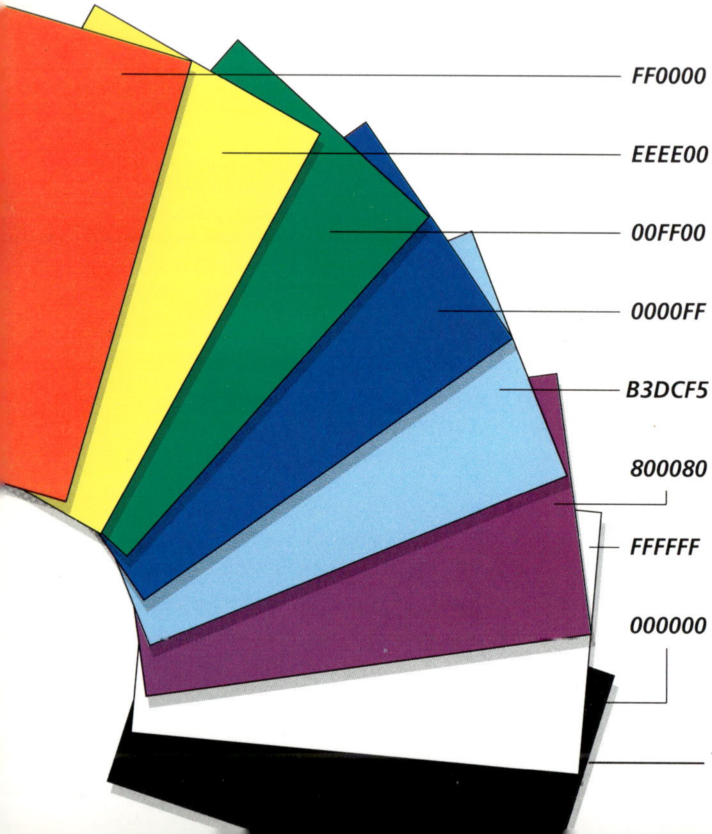

Combien de couleurs existe-t-il ?

On estime que les codes hexadécimaux permettent de décrire environ seize millions de couleurs différentes, mais la plupart des ordinateurs ne peuvent en afficher autant.

Le nombre de couleurs qu'un moniteur peut montrer dépend du type de carte vidéo dont l'ordinateur est équipé. La plupart des utilisateurs du Web possèdent des ordinateurs contenant des cartes vidéo de 8 bits ou de 16 bits. Une carte 8 bits permet de visualiser 256 couleurs, une carte 16 bits 65 536 couleurs.

Si un ordinateur ne peut afficher exactement la teinte spécifiée dans la source, il affichera la couleur la plus proche.

L'arrière-plan

Si tu veux modifier la couleur de l'arrière-plan d'une page Web, tu dois insérer des codes supplémentaires dans la partie initiale de la balise <BODY>.

Imagine que tu veuilles un arrière-plan de couleur bleue, dont la teinte exacte corresponde au code 87CEEB. Si tu remplaces <BODY> par <BODY BGCOLOR="#87CEEB">, ton navigateur affichera la page avec un fond bleu (# signifie n°).

Cette image montre une source et la page Web avec fond bleu produite par cette source.

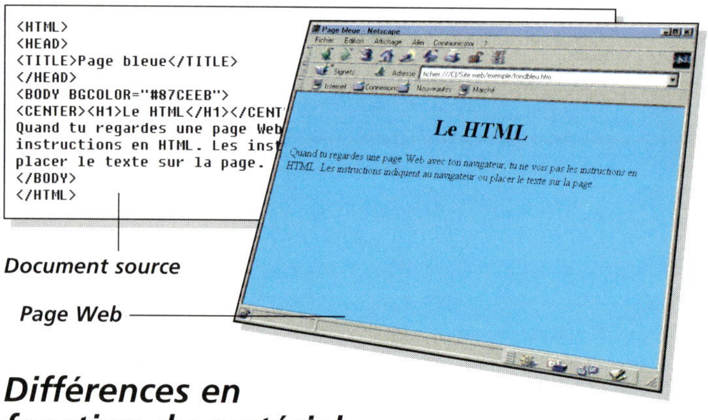

Différences en fonction du matériel

Les couleurs sont plus vives sur les ordinateurs Mac que sur les PC compatibles IBM. Une page Web conçue sur Mac semblera donc un peu plus terne sur PC.

Du texte en couleur

Tu peux modifier la couleur de l'ensemble du texte d'une page en ajoutant des codes à l'élément <BODY>. Par exemple, pour indiquer au navigateur d'afficher le texte d'une page en rouge, ajoute TEXT="#FF0000" à la balise d'ouverture du corps, de façon à obtenir : <BODY TEXT="#FF0000">. La balise de fin demeure identique.

Une partie du texte en couleur

Tu peux indiquer au navigateur d'afficher une partie du texte, un mot ou une seule lettre d'une couleur particulière. Par exemple, pour changer une section de texte en bleu, tape <FONT COLOR="#0000FF"> devant le texte que tu veux modifier. Puis ajoute </FONT> après ce texte pour fermer la balise. Le reste du texte sur la page ne changera pas.

Cette page est obtenue ainsi : <BODY BGCOLOR="#EEEE00" TEXT="#FF0000">.

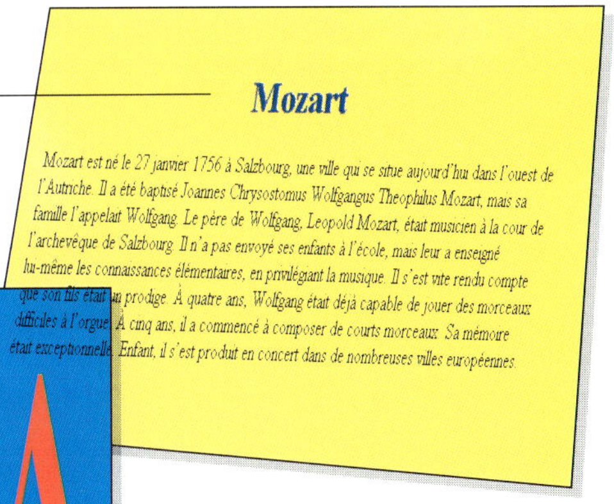

Cet en-tête est produit ainsi : <BODY BGCOLOR= "#EEEE00"><H1><FONT COLOR="#0000FF"> Mozart </FONT></H1>.

Cette lettre est obtenue ainsi : <FONT COLOR="#FF0000"> A</FONT>.

Quelques conseils

Il est amusant d'essayer différentes couleurs pour le texte et le fond. Mais avant d'opter pour une combinaison, assure-toi que l'ensemble du texte de ta page est facile à lire. Les couleurs sombres, telles que le bleu marine ou le noir, ressortent bien sur fond blanc ou pastel. Les couleurs claires, telles que le blanc ou le jaune, s'accommodent mieux d'un fond sombre.

Évite d'abuser des couleurs très vives, comme le rouge (FF0000) ou le rose électrique (FF69B4). Les visiteurs ne s'attarderont pas sur ton site si la lecture des informations est rendue difficile par un mauvais choix de couleurs.

Il est difficile de lire du texte vert sur fond rouge.

Il est facile de lire un texte en bleu sombre sur fond jaune.

L'organisation des informations

Tu peux utiliser plusieurs procédés (listes ou lignes par exemple) pour organiser ton texte.

Les listes

Il existe trois types de listes pour les sites Web : les listes numérotées, les listes non numérotées et les listes de définitions.

Les listes numérotées

Ce type de liste est préférable lorsque les divers éléments de la liste doivent apparaître dans un ordre donné, comme les matières sur un emploi du temps.

Tape <OL> devant le texte que tu veux transformer en liste ordonnée et </OL> après. Puis tape <LI> devant chaque entrée. Le navigateur affichera un chiffre devant chaque élément (voir image ci-dessous).

Le code correspondant à la liste ci-dessous est : <OL><LI>Anglais<LI>Biologie<LI>Physique<LI>Allemand<LI>Dessin<LI>Histoire<LI>Chimie</OL>.

Si tu ajoutes un nouvel élément au sein d'une liste numérotée, le navigateur procédera automatiquement à une nouvelle numérotation.

Une liste numérotée

1. Anglais
2. Biologie
3. Physique
4. Allemand
5. Dessin
6. Histoire
7. Chimie

Les listes non numérotées

Utilise une liste sans ordre précis lorsque chaque élément de la liste est d'importance égale (exemple : liste de courses).

Pour créer une liste non numérotée, tape <UL> devant le texte et </UL> après. Puis tape <LI> devant chaque élément de la liste. Par exemple : <UL><LI>fraise<LI>poire<LI>citron<LI>pomme<LI>prune</UL>.
Le navigateur placera un gros point, appelé puce, devant chaque élément.

Une liste non numérotée

- fraise
- poire
- citron
- pomme
- prune

Les listes de définitions

Les listes de définitions sont idéales lorsque l'on affiche des glossaires, listes de mots avec leur définition.

Pour créer une liste de définitions, tape <DL> avant l'ensemble du texte et </DL> après. Puis tape <DT> devant chaque terme défini et <DD> devant chaque définition. Le navigateur affichera chaque définition sur une nouvelle ligne.

Voici le code de la liste de définitions ci-dessous : <DL><DT>hiver<DD>la saison la plus froide de l'année<DT>été<DD>la saison la plus chaude de l'année</DL>.

Une liste de définitions

hiver
    la saison la plus froide de l'annee
ete
    la saison la plus chaude de l'annee

Les citations

Il est possible d'isoler une section de texte sur une page Web. Pour ce faire, on utilise une balise spécifique (<BLOCKQUOTE>). Cela permet de signaler que certains mots ont été écrits ou prononcés par quelqu'un d'autre.

Une balise <BLOCKQUOTE> place une partie de texte en milieu de page.

Voici une citation de Hamlet :

Être ou ne pas être
Là est la question.

Hamlet a été écrit par William Shakespeare au 16e siècle.

Pour transformer une partie de texte en citation, tape <BLOCKQUOTE> avant et </BLOCKQUOTE> après.

La disposition du texte

Les navigateurs peuvent aligner le texte à gauche ou à droite de la page.

Texte aligné

Ce texte est aligne a gauche.

Ce texte est centre.

Ce texte est aligne a droite.

Pour aligner une partie de texte, tu dois insérer un attribut dans la balise <P> ou dans la balise de niveau d'en-tête (voir pages 12-13).

Par exemple, si tu veux aligner le texte sur la gauche, tape <P ALIGN="LEFT">. Pour aligner le texte sur la droite, tape RIGHT au lieu de LEFT.

Le navigateur peut aussi placer le texte au milieu d'une ligne. Pour lui indiquer de le faire, tape <CENTER> avant le texte en question et </CENTER> après. Par exemple : <CENTER>Ce texte est centre</CENTER>.

Les lignes horizontales

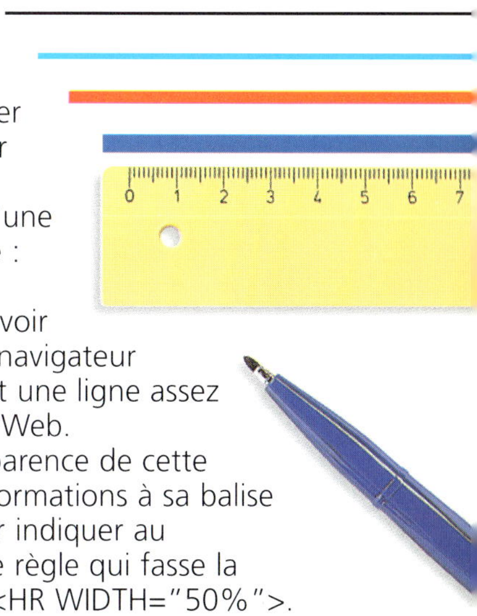

Des lignes horizontales, ou « règles », peuvent être employées pour subdiviser ta page en sections. Pour insérer une règle horizontale, on se sert d'une balise fonctionnant seule : <HR>. Tape cette balise chaque fois que tu veux voir apparaître une règle. Le navigateur affiche automatiquement une ligne assez fine qui traverse la page Web.

Tu peux modifier l'apparence de cette ligne en ajoutant des informations à sa balise <HR>. Par exemple, pour indiquer au navigateur d'afficher une règle qui fasse la moitié de la page, tape <HR WIDTH="50%">. (Tu peux modifier ce pourcentage selon les cas.)

Pour modifier l'épaisseur d'une règle, tape : <HR SIZE=?>, en remplaçant ? par un chiffre. Plus le chiffre sera élevé, plus la règle sera épaisse.

Le navigateur centre automatiquement les règles. Pour modifier la position d'une règle, ajoute ALIGN="LEFT" ou ALIGN="RIGHT" à sa balise <HR>. Essaie différentes instructions pour déterminer ce qui convient le mieux.

Plusieurs règles horizontales

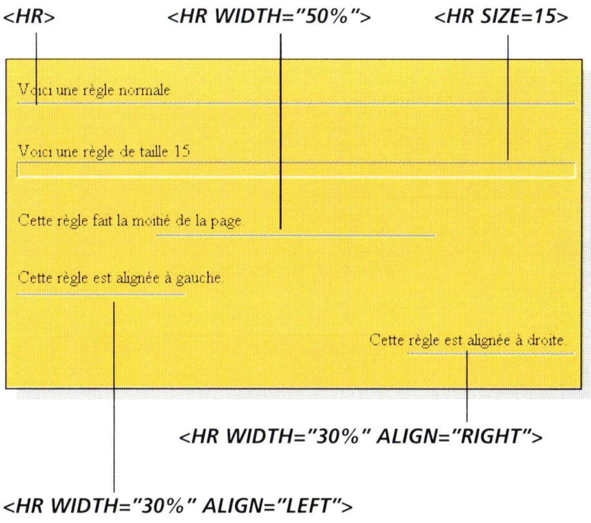

Les images sur le Web

L'une des raisons pour lesquelles le Web est une source d'information si appréciée, c'est qu'il contient des images. Voici de quelle manière elles peuvent être utilisées sur un site Web.

Une galerie d'images

Certains sites Web contiennent une section intitulée « galerie », où des images sont affichées. Cette galerie inclut parfois une page d'« images timbres-poste », aussi appelées « vignettes » (en anglais *thumbnails*), qui sont des versions plus petites des images affichées ailleurs sur le site. Pour voir l'image dans sa taille d'origine, clique sur sa « vignette » pour la télécharger.

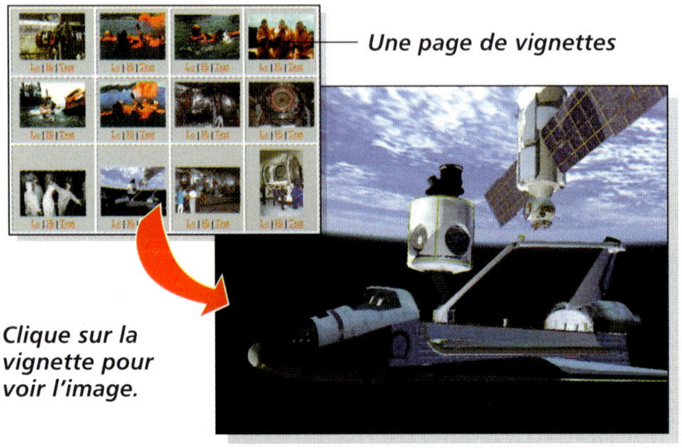

Une page de vignettes

Clique sur la vignette pour voir l'image.

Des séparations plus esthétiques

Pour séparer les différentes sections d'une même page Web, on peut utiliser des images longues et fines, appelées barres.

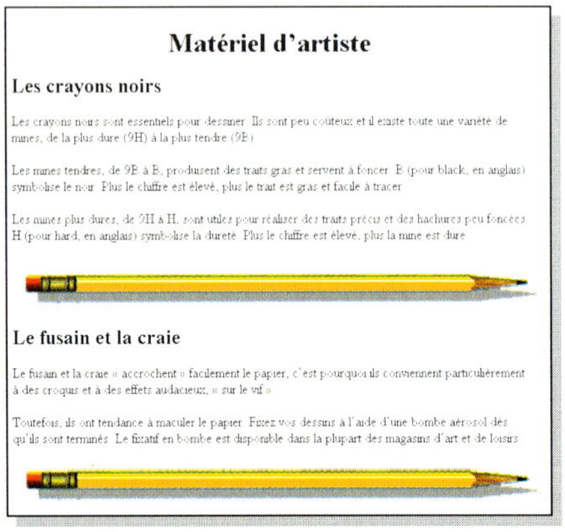

Matériel d'artiste

Les crayons noirs

Les crayons noirs sont essentiels pour dessiner. Ils sont peu coûteux et il existe toute une variété de mines, de la plus dure (9H) à la plus tendre (9B).

Les mines tendres, de 9B à B, produisent des traits gras et servent à foncer. B (pour black, en anglais) symbolise le noir. Plus le chiffre est élevé, plus le trait est gras et facile à tracer.

Les mines plus dures, de 9H à H, sont utiles pour réaliser des traits précis et des hachures peu foncées. H (pour hard, en anglais) symbolise la dureté. Plus le chiffre est élevé, plus la mine est dure.

Le fusain et la craie

Le fusain et la craie « accrochent » facilement le papier, c'est pourquoi ils conviennent particulièrement à des croquis et à des effets audacieux, « sur le vif ».

Toutefois, ils ont tendance à maculer le papier. Fixez vos dessins à l'aide d'une bombe aérosol dès qu'ils sont terminés. Le fixatif en bombe est disponible dans la plupart des magasins d'art et de loisirs.

Une barre a la même fonction qu'une règle, mais son aspect est plus attrayant.

Les arrière-plans

Tu peux utiliser l'infographie pour créer des arrière-plans originaux. En général, on fabrique un arrière-plan à l'aide d'un petit graphique en forme de carreau, ou mosaïque, que le navigateur reproduit à l'infini.

Le mieux est de choisir un motif qui ne détourne pas l'attention des visiteurs du texte, et qui corresponde au thème de la page.

L'arrière-plan de cette page ressemble à de l'eau.

Ce carreau est reproduit plusieurs fois pour créer l'arrière-plan.

Comment indiquer les liens

Une image peut être un lien hypertexte vers une autre page Web. Par exemple, une image de maison (à droite) est souvent utilisée comme lien hypertexte vers la page d'accueil d'un site. Une petite image qui représente la page vers laquelle elle renvoie s'appelle une icône.

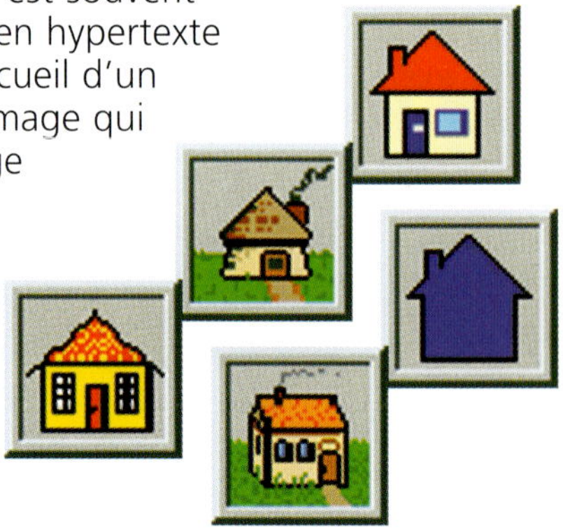

Une sélection d'icônes de pages d'accueil

Comment obtenir des images

Sur le Web, il existe de nombreuses images que tu peux copier et inclure sur ton site. Si tu utilises un moteur de recherche pour mener une recherche à partir de mots-clés (voir page 7), tu trouveras même des séries d'arrière-plans, de barres, de boutons et d'icônes.

Une autre solution consiste à visiter l'un des sites dont la liste figure à la page 41. Page 40, tu trouveras des instructions pour copier des images depuis le Web sur ton ordinateur.

Tu trouveras ces icônes à l'adresse suivante : http://aplusart.simplenet.com/aplusart/index.html

Le copyright

Il n'est pas possible d'utiliser gratuitement toutes les images présentes sur le Web. La plupart des informations font l'objet d'un « copyright ». C'est-à-dire qu'une personne ou une organisation a un droit de regard sur la façon dont les copies de ces informations sont utilisées.

Si tu veux inclure des informations de ce type sur ton site Web, tu dois d'abord contacter le propriétaire du copyright et obtenir sa permission. Si tu ne le fais pas, tu risques d'enfreindre la loi.

Ce signe apparaît sur les sites Web dont les informations sont régies par un copyright.

Les informations gratuites

Certaines informations, qui font partie du domaine public, ne sont pas régies par un copyright.

Les images dans les séries dont la liste figure à la page 41 sont du domaine public. Si tu trouves d'autres séries d'images, assure-toi que leur utilisation est libre avant d'en inclure sur ton site.

Une sélection d'images du domaine public, du site http://www.nasa.gov/

Les images numériques

Tu voudras peut-être intégrer tes propres dessins et photos sur ton site. Avant toute chose, il te faudra les enregistrer selon un code numérique, que ton ordinateur pourra comprendre. Sur un site Web, on ne peut inclure que des images numérisées.

Il est possible de convertir des images en code numérique grâce à un scanner. Tu en apprendras plus sur cet appareil à la page 20.

Un scanner

Les scanners coûtent assez cher, mais tu n'as pas besoin d'en acheter un. La plupart des magasins de photocopie ou de photographie en possèdent un. Une autre solution consiste à en louer un dans un magasin d'informatique et de scanner tes images toi même. Tu trouveras des informations sur le coût de cette opération à la page 42.

La préparation des images

Quand tu scannes une image, tu crées un fichier-image que tu peux ensuite insérer sur une page Web. Ce chapitre t'explique comment créer des fichiers-images et les adapter au Web.

Comment fonctionne un scanner ?

Le scanner est connecté à l'ordinateur. Un logiciel présent sur l'ordinateur indique au scanner comment recueillir et enregistrer les informations relatives à une image. Il s'agit d'un logiciel d'édition d'images.

Le scanner divise l'image en points minuscules appelés éléments d'images ou pixels. Il recueille les informations relatives à la couleur et à la position de chacun. Ensuite, il enregistre ces informations selon un code numérique, de sorte que l'ordinateur puisse reproduire l'image. L'éditeur d'images indique au scanner en combien de pixels diviser l'image. On appelle définition (ou résolution) le nombre de pixels par image. En général, on la mesure en dpi (*dots per inch* : nombre de pixels pour une surface donnée).

Pixels

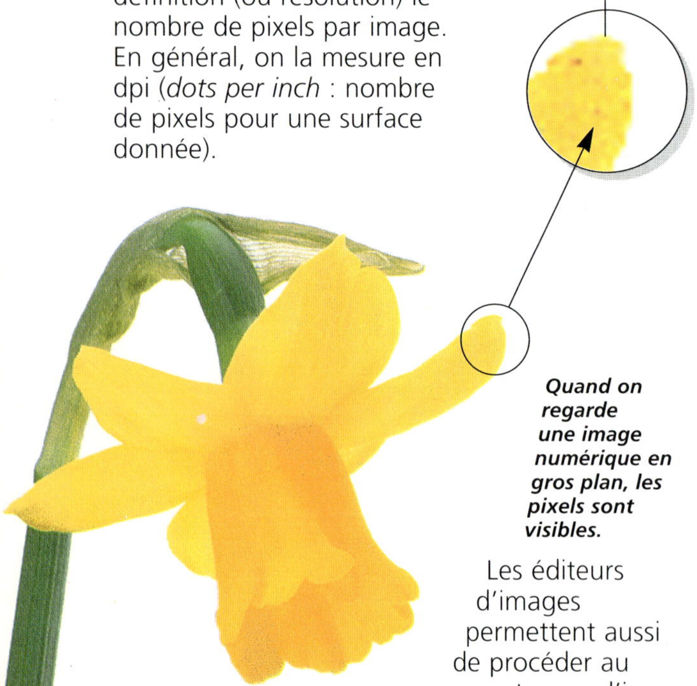

Quand on regarde une image numérique en gros plan, les pixels sont visibles.

Les éditeurs d'images permettent aussi de procéder au « montage » d'images numériques et d'en créer. Si tu veux savoir comment obtenir ce type de programme, reporte-toi aux pages 40 et 41.

La taille des fichiers

Lorsque tu crées des fichiers-images destinés au Web, il est important de les faire aussi petits que possible afin qu'ils soient téléchargés rapidement. La taille d'un fichier est mesurée en octets.

La définition

On peut contrôler la taille d'une image en modifiant sa définition. Une image à haute définition contient beaucoup de pixels, ce qui produit un fichier de grande taille. Une image moins bien définie contient moins de pixels, et peut donc tenir à l'intérieur d'un fichier plus modeste.

On voit la différence de définition entre plusieurs images lorsqu'on les imprime.

Compare la qualité d'une image à haute définition par rapport à celle d'une image de moindre définition.

Voici une image à haute définition. Elle a été scannée en 350 dpi.

Voici une image moins bien définie. Elle a été scannée en 72 dpi.

Les images à haute définition et les autres paraissent similaires sur un moniteur. Lorsque tu prépares une image pour affichage sur le Web, scanne-la en 72 ou 75 dpi. Les images de définition moyenne sont d'une qualité suffisante pour le Web.

Enregistrer des images

Les éditeurs d'images peuvent enregistrer des images de différentes manières. Les types de fichiers-images les plus couramment utilisés sur le Web sont les fichiers GIF (Graphical Interchange Format) et les fichiers JPEG (Joint Photographic Experts Group).

Les fichiers GIF

En général, le format GIF est utilisé pour les images qui contiennent une grande proportion de telle ou telle couleur, ou dont la forme est irrégulière. Par exemple, la plupart des icônes, des boutons et des barres sont des fichiers GIF.

Ces icônes du Musée de la science et de l'industrie de Chicago sont des fichiers GIF.

Les fichiers GIF contiennent un maximum de 256 couleurs. Leur taille est donc limitée. Lorsqu'une image contient plus de 256 couleurs, un éditeur d'images en réduit le nombre pour l'enregistrer au format GIF. Quand tu enregistres une image en format GIF, ajoute le suffixe **.gif** au nom du fichier.

Le format JPEG

Le format JPEG est idéal pour les images qui contiennent de nombreuses couleurs, comme les photos. Il permet l'enregistrement des informations dans un espace moindre. C'est ce qu'on appelle la compression.

Les fichiers JPEG peuvent être compressés afin d'occuper moins d'espace sur le disque. Plus ils sont compressés, plus ils sont petits. Cependant, le degré de compression affecte également la qualité de l'image. Moins la compression est importante, plus la qualité de l'image est bonne.

Cette photo du Musée de la science et de l'industrie de Chicago (http://www.msichicago.org/) est un fichier JPEG.

Essaie d'appliquer différents degrés de compression à un fichier jusqu'à trouver l'équilibre idéal entre taille et qualité. Pour ce faire, sauvegarde plusieurs versions de la même image compressée à des degrés différents. Quand tu enregistres un fichier JPEG, ajoute le suffixe **.jpg** au nom du fichier.

Une boîte de dialogue d'un éditeur d'images appelé Adobe® Photoshop®

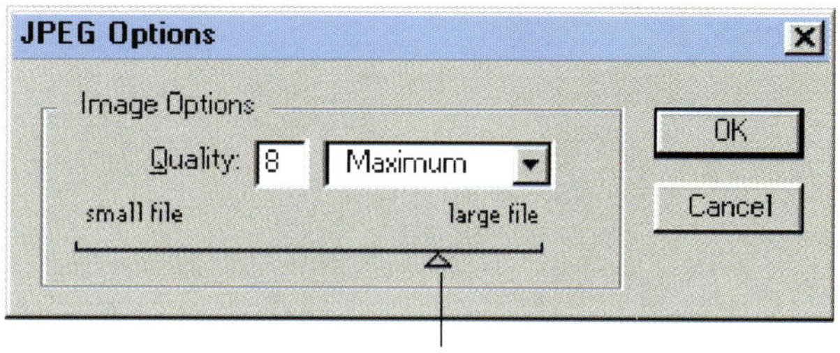

Fais glisser ce bouton vers la gauche pour compresser le fichier.

Ensuite, ouvre toutes les versions en même temps dans ton éditeur d'images, de façon à pouvoir les comparer. Essaie de faire en sorte que tes fichiers-images ne dépassent pas 30 kilo-octets (Ko).

Comment mesurer les images

Une fois que tu as inséré une image sur ta page Web (voir page 22), affiche-la sur l'écran par l'intermédiaire du navigateur. Tu dois être en mesure de la voir en entier sans avoir recours à la barre de défilement.

Si nécessaire, sers-toi de ton éditeur d'images pour rétrécir l'image. On mesure les images numériques en pixels. Ainsi, une icône de 40 x 42 fait 40 pixels de largeur sur 42 pixels de hauteur. Quand tu modifies la taille d'une image, assure-toi que tu modifies sa hauteur et sa largeur à proportions égales : sinon, elle sera déformée.

L'intégration d'images aux pages Web

Lorsqu'on ajoute un objet, comme une image ou un son, sur une page Web, on pratique une incrustation. Ce chapitre t'explique comment procéder.

Incruster une image

Imagine, par exemple, que tu veuilles incruster une image appelée « martin.jpg » sur une page Web. Commence par placer le fichier-image dans le même répertoire que la source de la page Web sur le disque dur de ton ordinateur. Ouvre la source et tape <IMG SRC="martin.jpg"> à l'endroit où tu veux que l'image apparaisse.

Tu peux insérer cette instruction n'importe où sur une page Web, à condition que ce soit entre la balise d'ouverture et la balise de fin du corps (<BODY>).

Une page Web contenant une image et sa source.

La navigation sans images

Certaines personnes surfent sur le Web avec des navigateurs incapables d'afficher des images. D'autres désactivent la fonction d'affichage du navigateur pour télécharger plus vite les pages.

Les bonnes manières exigent qu'on fasse connaître aux visiteurs le contenu des images qu'ils ne peuvent pas voir. Pour ce faire, indique à ton navigateur d'afficher des mots – un substitut textuel – au lieu d'images.

Une partie de la page d'accueil de Yahoo! affichée sans images

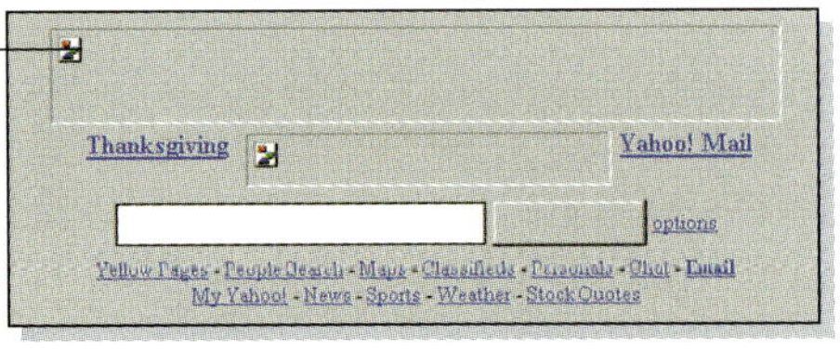

Voici un substitut textuel

Le substitut textuel

Pour remplacer une image par du texte, ajoute ALT="substitut textuel" à l'intérieur de ses balises d'incrustation. Par exemple, l'instruction HTML pour l'incrustation d'une photo de rosier pourrait être : <IMG SRC="rosier.gif" ALT="rosier">.

Le téléchargement d'images

Quand tu télécharges une page à partir du Web, les mots apparaissent en général sur ton écran avant les images. C'est parce que les images mettent plus de temps à voyager sur le Net.

Si le navigateur connaît la hauteur et la largeur d'une image, il laissera suffisamment d'espace entre les morceaux de texte qui encadrent l'image en question.

Sinon, il lui faudra peut-être modifier la disposition du texte sur la page lorsque l'image arrivera. Tu peux indiquer au navigateur la taille de l'image à venir en ajoutant des informations entre les balises d'incrustation.

Le téléchargement est en cours.

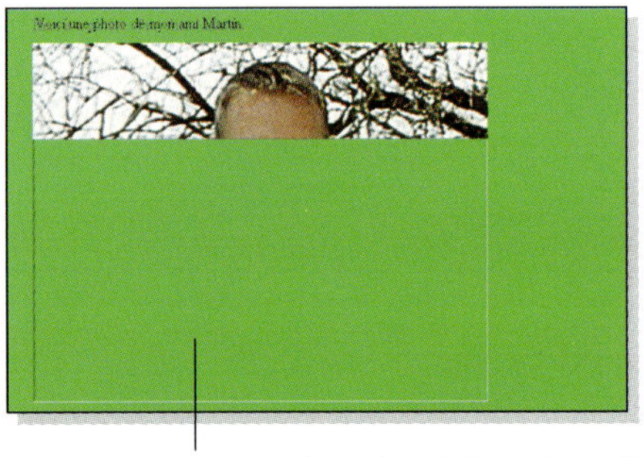

Le navigateur a prévu un cadre à l'intérieur duquel le reste de l'image va apparaître.

Pour ce faire, détermine les dimensions de l'image en pixels, grâce à ton éditeur d'images. Ensuite, ajoute cette information entre les balises d'incrustation de l'image.

Imagine, par exemple, que l'image mesure 180 pixels de largeur et 140 pixels de hauteur. Insère WIDTH=180 HEIGHT=140 entre les balises d'incrustation. L'instruction a maintenant cet aspect : <IMG WIDTH=180 HEIGHT=140 SRC="martin.jpg">.

Comment disposer les images

Pour indiquer au navigateur d'aligner une image à gauche ou à droite, ajoute ALIGN="LEFT" ou ALIGN="RIGHT" à l'intérieur de la balise d'incrustation. Par exemple, si tu veux aligner une image à droite, l'instruction aura la forme suivante : < IMG WIDTH=180 HEIGHT=180 SRC="pont.jpg" ALIGN="RIGHT">.

Sur cette page, l'image est alignée.

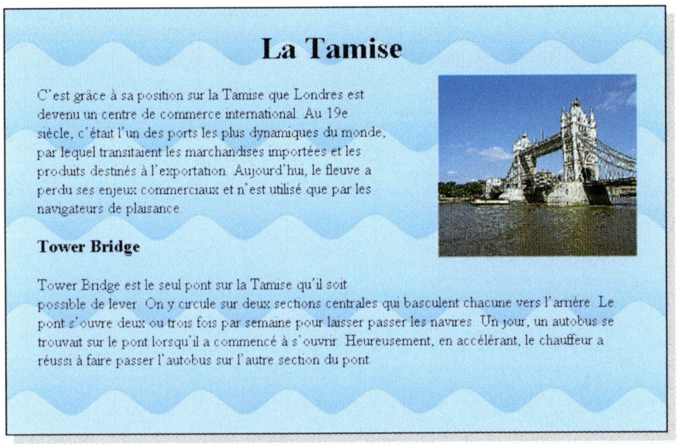

La présence de l'image fait que le texte est à gauche.

Tu peux utiliser la balise <CENTER> (voir page 17) pour indiquer au navigateur de placer une image au centre de la page. Pour ce faire, place la balise d'ouverture et la balise de fin de chaque côté de l'instruction d'incrustation. Par exemple : <CENTER><IMG WIDTH=180 HEIGHT=180 SRC="pont.jpg"></CENTER>.

Quand une image apparaît au centre d'une page Web, le texte est repoussé vers le bas.

Réutiliser des images

Autant que possible, essaie de réutiliser les mêmes images. Ton site n'en sera que plus attrayant et son téléchargement ne sera pas ralenti par la présence de nombreuses images.

Quand un navigateur télécharge une page Web, il copie chaque information sur ton ordinateur. Alors, quand une image apparaît pour la seconde fois, le navigateur affiche la copie stockée sur ton ordinateur. Il n'a pas besoin d'aller chercher de nouveau cette information sur le Web.

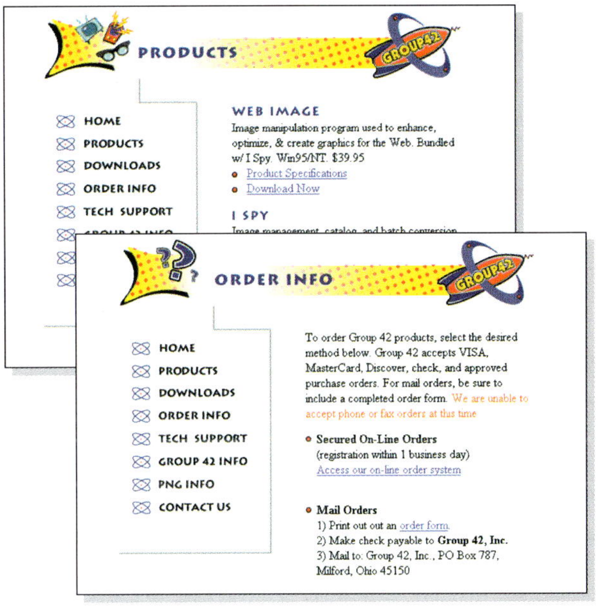

Plusieurs images de ce site sont répétées.

L'arrière-plan

Pour ajouter un arrière-plan doté de motifs à une page, tu dois ajouter des codes à la balise <BODY>.

Imagine que tu veuilles former une mosaïque à partir de « motif.gif » afin de constituer un arrière-plan pour ta page. Insère BACKGROUND= "motif.gif" dans la balise <BODY>, comme ceci : <BODY BGCOLOR ="#FFF8E0" BACKGROUND= "motif.gif">.

Quand tu insères un arrière-plan à motifs, tu dois aussi spécifier une couleur d'arrière-plan pour la page. Ainsi, les visiteurs dont le navigateur n'affiche pas les images verront cette couleur à la place.

La création de liens entre pages Web

Une fois que tu auras créé plusieurs pages Web, tu pourras les relier les unes aux autres par des liens hypertextes. Tu pourras aussi les relier à d'autres sites.

Il est possible de transformer des mots ou des images en liens hypertextes. Par exemple, tu pourrais créer un lien hypertexte vers le site Web de la Maison Blanche à partir de la phrase « l'année dernière, ma famille et moi avons visité la Maison Blanche » ou d'après une photo de la Maison Blanche.

Des liens à l'intérieur d'un site

On qualifie de locaux les liens à l'intérieur d'un même site. Ils aident les visiteurs à se déplacer entre les pages du site. Chacune de tes pages devrait contenir un lien vers ta page d'accueil, ainsi qu'une sélection de liens vers d'autres pages de ton site.

Les liens vers d'autres sites

On qualifie d'externes les liens vers d'autres sites. Tu peux en créer pour connecter ta page à d'autres pages qui traitent du même sujet ou pour diriger des visiteurs vers des sites que tu apprécies.

Les ancres

Tu peux transformer un mot, une phrase ou une image en lien hypertexte à l'aide d'une balise d'ancrage.

Une balise d'ancrage

<A HREF=" http:www.usborne.co.uk ">

</A> — ***Balise de fin*** — ***Balise d'ouverture***

La balise d'ouverture d'une ancre indique au navigateur de télécharger une autre page et spécifie la localisation de cette page. La balise ci-dessus contient une URL. C'est parce que la page à laquelle le lien renvoie appartient à un autre site.

Quand tu crées un lien local, la balise d'ouverture de l'ancre contient différentes informations. Si une page est stockée dans le même répertoire, il te suffit d'inscrire son nom. Par exemple, <A HREF="musique.htm">. Si une page est stockée dans un sous-répertoire, tu dois inclure le nom du fichier ainsi que sa localisation. Par exemple : <A HREF="loisirs/musique.htm">.

Cette image te montre comment utiliser les liens hypertextes pour sauter d'un site Web à un autre.

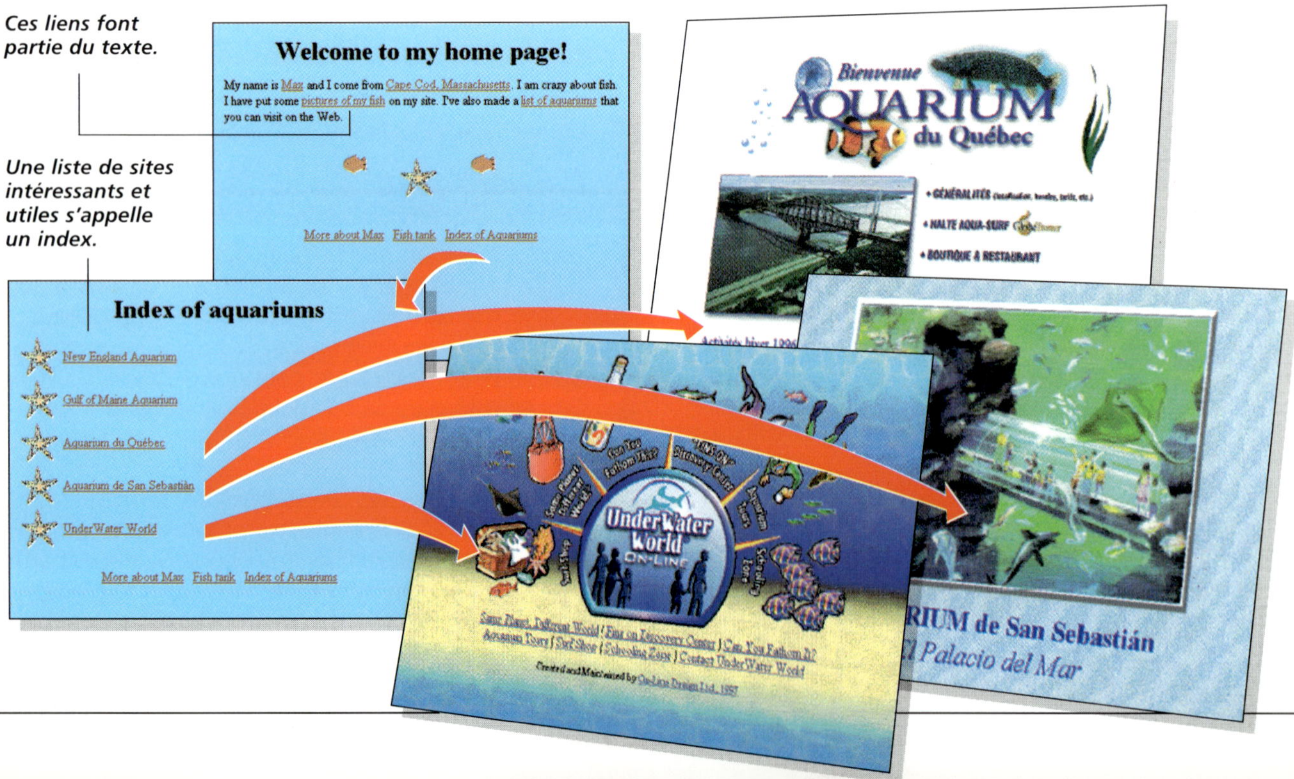

Liaisons graphiques

Si tu désires créer un lien à partir d'une image, ta balise d'incrustation d'image doit se trouver à l'intérieur de ta balise d'ancrage (voir page 22).

Imagine, par exemple, que tu veuilles transformer une image appelée « ballon.gif » en lien vers la page : **http://www.ballooning.co.uk/**. Tu taperas : <A HREF="http://www.ballooning.co.uk/"> <IMG SRC="ballon.gif"></A>.

Ton navigateur affichera l'image avec une bordure. Cela indique qu'il s'agit d'un lien. N'oublie pas que certains navigateurs ne sont pas configurés pour afficher des images (voir page 22). Chaque fois que tu te sers d'une image comme d'un lien hypertexte, il te faut donc inclure aussi un lien sous forme de texte.

Clique sur le ballon pour accéder à une page sur les montgolfières.

Comment ôter une bordure

Si tu n'aimes pas l'encadré autour de ton lien hypertexte, tu peux ordonner à ton navigateur de ne pas l'afficher. Pour ce faire, ajoute BORDER=0 à l'instruction d'incrustation. Par exemple : <IMG BORDER=0 SRC ="ballon.gif">.

Toutefois, l'absence de bordure autour d'une image n'empêchera pas tes visiteurs de s'apercevoir qu'il s'agit d'un lien. En effet, lorsqu'ils passent sur l'image avec la souris, le curseur prend la forme d'une main, comme celle illustrée ci-contre.

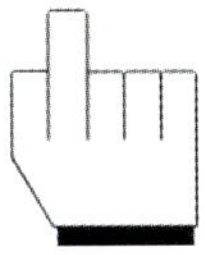

Liens hypertextes : texte

Pour créer un lien à partir de texte, place le mot ou le groupe de mots que tu veux transformer en lien à l'intérieur de ta balise d'ancrage. Par exemple, pour transformer les mots « White House » (Maison Blanche) en lien vers le site de la Maison Blanche (**http://www.whitehouse.gov/**), tape : <A HREF="http://www.whitehouse.gov/">White House</A>.

Ton navigateur soulignera les mots White House et les affichera dans une couleur différente. Ainsi, il sera clair qu'ils constituent un lien hypertexte.

Clique sur le texte souligné pour accéder à la page d'accueil de la Maison Blanche.

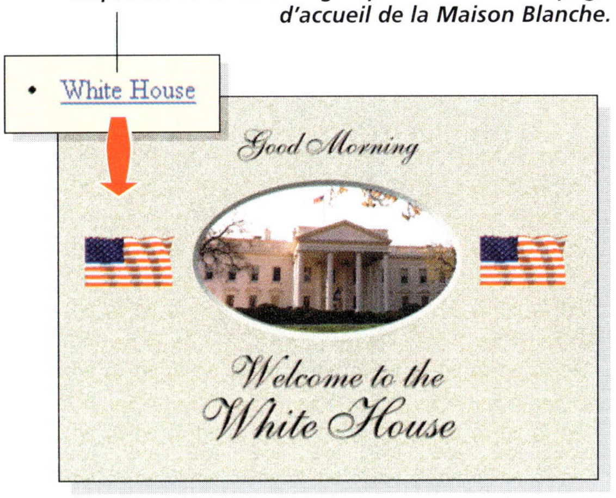

Sur le Web

Parfois, les adresses des pages Web changent et certaines pages disparaissent. Les liens hypertextes vers ces pages deviennent donc périmés (en anglais *invalid*).

Quand tu cliques sur un lien périmé, un message d'erreur apparaît sur ton écran, qui t'explique que le navigateur ne peut trouver une page à l'adresse indiquée dans l'ancre.

Une fois que ton site sera sur le Web, vérifie régulièrement tes liens vers d'autres pages. Enlève tous les liens périmés, ou mets-les à jour, afin que les visiteurs de ton site ne soient pas déçus ou agacés qu'ils ne fonctionnent pas.

L'intégration de sons

Tu peux enregistrer des sons sur ton ordinateur et les ajouter à ton site Web. Pour ce faire, tu auras besoin de matériel et de logiciels supplémentaires.

Le matériel nécessaire

Les ordinateurs convertissent les sons en format numérique et sont ensuite capables de te les faire réécouter grâce à une carte son. Tous les Mac et les PC multimédias en contiennent une. Si tu possèdes un autre type d'ordinateur, il te faudra peut-être lui en ajouter une. Il te faudra aussi des écouteurs ou des haut-parleurs pour entendre les sons produits par ton ordinateur.

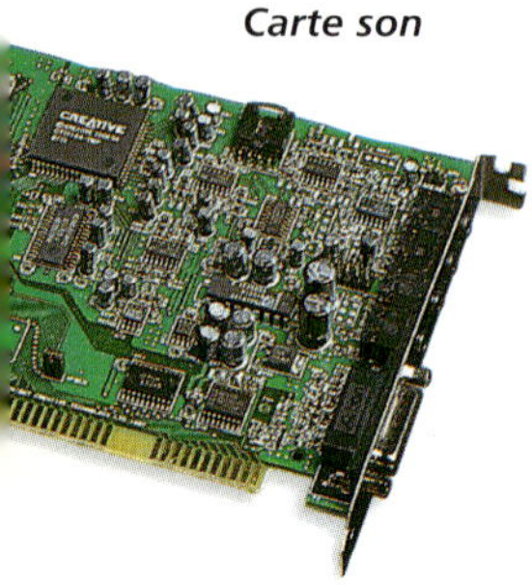

Carte son

Haut-parleurs

Microphone

Pour enregistrer des sons, celui de ta voix par exemple, tu auras besoin d'un microphone, qui peut être branché sur ton ordinateur. Si tu veux enregistrer quelque chose depuis une cassette ou un CD, il te faudra un câble pour connecter ta chaîne stéréo à ton ordinateur.

Les sons prêts à l'emploi

Tu préféreras peut-être insérer des clips sonores existants sur ton site. Tu en trouveras sur CD-ROM et sur le Web.

Avant d'ajouter un clip sonore à ton site Web, assure-toi qu'il est libre de tout copyright (voir page 19). Sinon, demande l'autorisation de la personne qui l'a créé.

Les logiciels nécessaires

Pour créer tes propres clips sonores, tu auras besoin d'un programme qui te permette d'enregistrer des sons et de procéder à leur montage. Ton ordinateur en est peut-être déjà équipé. Ci-dessous, voici la fenêtre du Magnétophone, l'éditeur de sons inclus dans Windows® 95. Si tu ne disposes pas déjà d'un programme adéquat, ou si tu en désires un qui soit plus performant, tu peux le télécharger depuis le Net (voir pages 40-41).

La fenêtre du Magnétophone

Clique ici pour commencer l'enregistrement.

Clique ici pour stopper l'enregistrement.

Les formats de fichiers-sons

Il existe différents types de fichiers-sons. Les plus couramment utilisés sur le Web sont : AU, MIDI, WAV et AIFF.

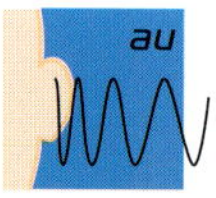

Les fichiers AU sont compatibles avec tous les types d'ordinateurs, mais ils produisent parfois des crépitements.

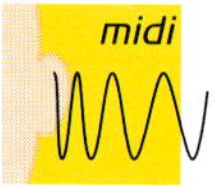

Les fichiers MIDI sont compatibles avec tous les types d'ordinateurs et produisent des sons de meilleure qualité que les fichiers AU.

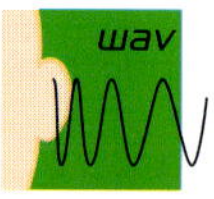

WAV est le format « audio » de Microsoft® Windows®. La plupart des navigateurs peuvent gérer ces fichiers.

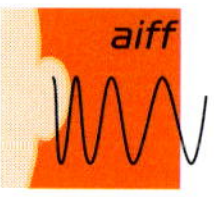

AIFF est le format « audio » de Macintosh. La plupart des navigateurs peuvent gérer ces fichiers.

Comment créer un clip sonore

Utilise ton éditeur de sons pour enregistrer un son selon le format adéquat. Ton programme te donne peut-être le choix entre différentes qualités d'enregistrement. Plus la qualité sera élevée, plus la taille du fichier-son sera importante.

Certains programmes permettent d'ajouter des effets spéciaux ou de procéder à des mixages. Par exemple, avec le Magnétophone de Windows®, tu peux ajouter des échos aux sons que tu produis ou les inverser de façon à les entendre à l'envers.

Une boîte de dialogue de Magnétophone

Choisis entre qualité CD, radio ou téléphone.

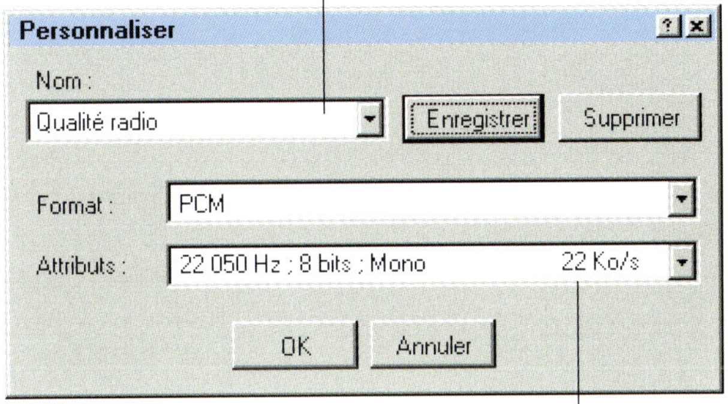

Ceci t'indique combien une seconde de sons de la qualité sélectionnée va occuper de kilo-octets sur le disque dur.

Les clips sonores sur le Web

Les fichiers-sons sont en général de très gros fichiers. Quelques secondes d'un discours peuvent occuper plus de 100 Ko de mémoire sur le disque dur, même si la qualité d'enregistrement est médiocre.

Tous les utilisateurs du Web ne souhaitent pas perdre du temps à télécharger des clips sonores, aussi est-il préférable de créer un lien hypertexte vers un fichier-son plutôt que de l'intégrer directement sur une page Web. Près de ce lien, il faut indiquer la taille du fichier-son, la durée de l'enregistrement et rendre compte des informations qu'il contient. Cela permet ensuite aux visiteurs de décider s'ils veulent l'écouter ou non. S'ils le souhaitent, ils peuvent cliquer sur le lien hypertexte pour le télécharger.

Rédiger un lien vers un fichier-son

On utilise une balise d'ancrage pour établir un lien vers un fichier-son. Par exemple, pour transformer « Ecoute-moi jouer du tambour (150 Ko) » en lien vers « tambour.wav », tape : <A HREF="tambour.wav">Ecoute-moi jouer du tambour (150 Ko)</A>.

Quand tu cliques sur un lien vers un fichier-son, une fenêtre contenant un lecteur audio apparaît sur l'écran. Il permet d'écouter des fichiers-sons. Certains lecteurs démarrent automatiquement, d'autres pas. Parfois, il faut cliquer sur un bouton.

Un lecteur audio

Cette barre indique la durée d'enregistrement écoulée.

Intégrer un fichier-son

L'instruction utilisée pour insérer un fichier-son sur une page Web est : <EMBED SRC="?">. Imagine que tu veuilles intégrer un fichier-son nommé « bienvenue.wav ». Pour ce faire, tape : <EMBED SRC="bienvenue.wav">.

En réponse à cette instruction, certains navigateurs affichent un lecteur audio. D'autres affichent une icône sur laquelle tu peux cliquer pour écouter le fichier.

Netscape Navigator affiche une icône.

L'icône

Double-clique sur l'icône pour entendre le son.

Les images animées

Tu peux rendre ton site Web plus attrayant en y ajoutant des images animées.

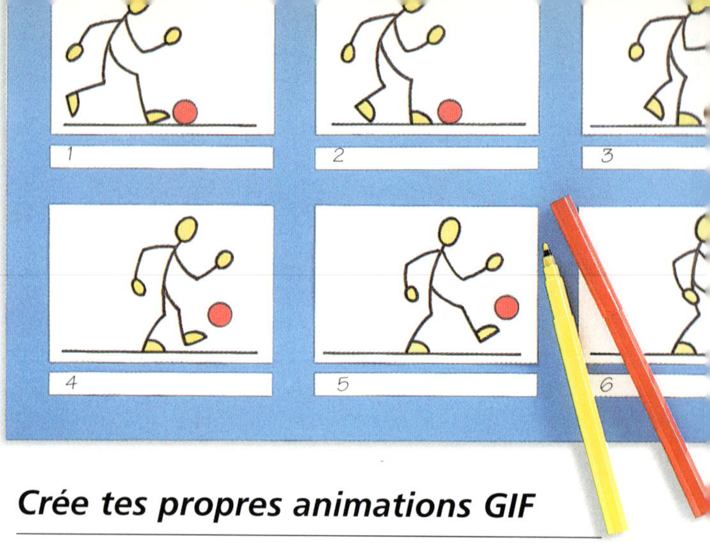

Les animations

Les animations sont fabriquées à partir de séries d'images appelées frames. Chaque frame est légèrement différente de la précédente. Lorsqu'ils sont projetés en succession rapide, les objets qui apparaissent à l'image semblent animés.

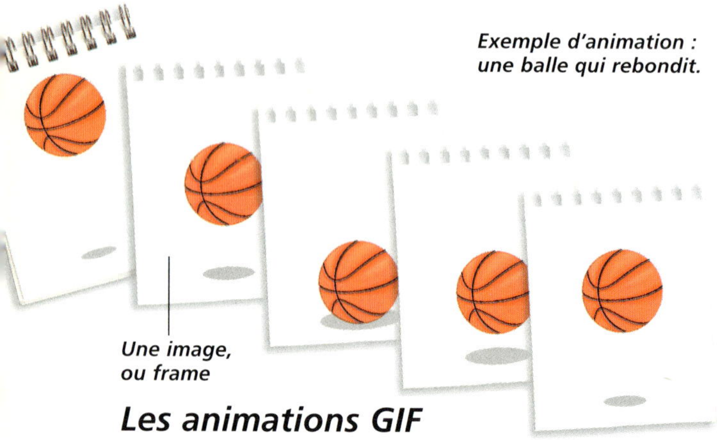

Exemple d'animation : une balle qui rebondit.

Une image, ou frame

Les animations GIF

On peut produire une animation GIF à partir d'une série de fichiers GIF. Ce type d'animation est très apprécié des utilisateurs du Web. Il est facile de les fabriquer et tous les navigateurs peuvent afficher des fichiers et des animations GIF.

Comment se procurer des animations

Sur le Web, tu trouveras de nombreuses animations GIF que tu pourras ensuite insérer gratuitement sur ton site Web. Il suffit d'effectuer une recherche à partir des mots-clés suivants : **animated GIF** ou **GIF animation**.

On télécharge et on incruste les animations GIF de la même manière que des images ordinaires (voir pages 22 et 40).

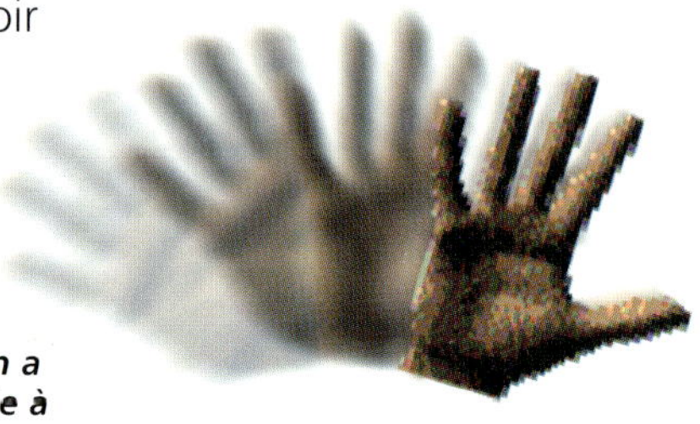

Cette animation a été sauvegardée à partir du site http://www.webpromotion.com/

Crée tes propres animations GIF

Pour créer tes propres animations GIF, tu as besoin d'un éditeur d'images (voir page 20) et d'un « éditeur d'animations GIF ». Il s'agit d'un programme qui permet de construire une séquence de fichiers GIF. (Pour savoir où t'en procurer un, reporte-toi à la page 41.)

Pour commencer, prépare ton animation sur papier. Essaie d'utiliser aussi peu d'images que possible afin de limiter la taille du fichier. Mieux vaut ne pas en utiliser plus de douze.

Tu vas ensuite créer les frames à l'aide de ton éditeur d'images. Enregistre chaque image séparément au format GIF. Donne à chaque fichier un nom qui indique à quel endroit de la séquence il se place. Cela te facilitera la tâche par la suite.

Si ces frames suivent cet ordre, l'aiguille du chronomètre tourne dans le bon sens.

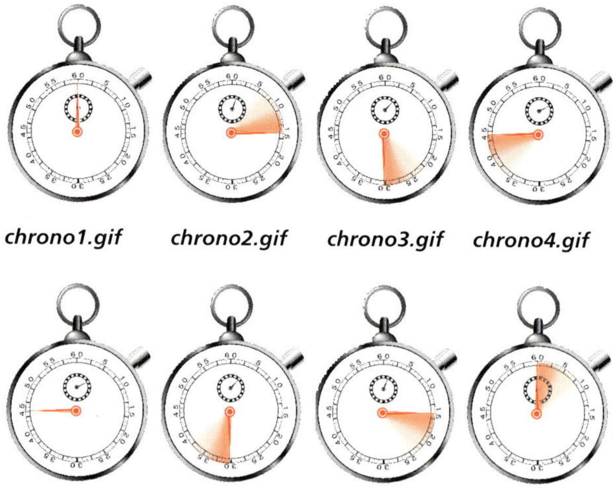

Si elles se succèdent en ordre inverse, l'aiguille ira dans le sens opposé.

Crée une animation GIF

Lorsque tu as créé toutes les frames nécessaires pour ton animation, rassemble-les en un fichier unique grâce à ton éditeur d'animations GIF.

Les éditeurs d'animations te laissent choisir l'ordre dans lequel tu veux que les images se succèdent et combien de fois l'animation défile à l'écran. Certains programmes te permettent de spécifier d'autres informations, par exemple la durée d'affichage de chaque frame.

Les applets Java™

Lorsqu'on désire insérer des animations et des sons à une page Web, une autre méthode consiste à intégrer un applet Java™. Il s'agit d'un minuscule programme conçu dans un langage de programmation informatique nommé Java.

Les applets Java peuvent contenir des graphiques animés, des sons et des fonctions interactives. Cela veut dire que tu peux modifier une page Web en cliquant avec ta souris. À la page 41, tu trouveras une liste de sites Web où trouver des applets « prêts à l'emploi ».

Dans cet applet Java, les lunes tournent autour de la planète.

Comment procéder

Les sites Web qui offrent des applets Java gratuitement comportent en général des instructions qui indiquent comment les intégrer sur une page Web.

Pour voir un applet Java à l'œuvre, il est préférable d'utiliser Netscape Navigator® 4.03, Microsoft® Internet Explorer 4, ou une version ultérieure de l'un de ces deux navigateurs.

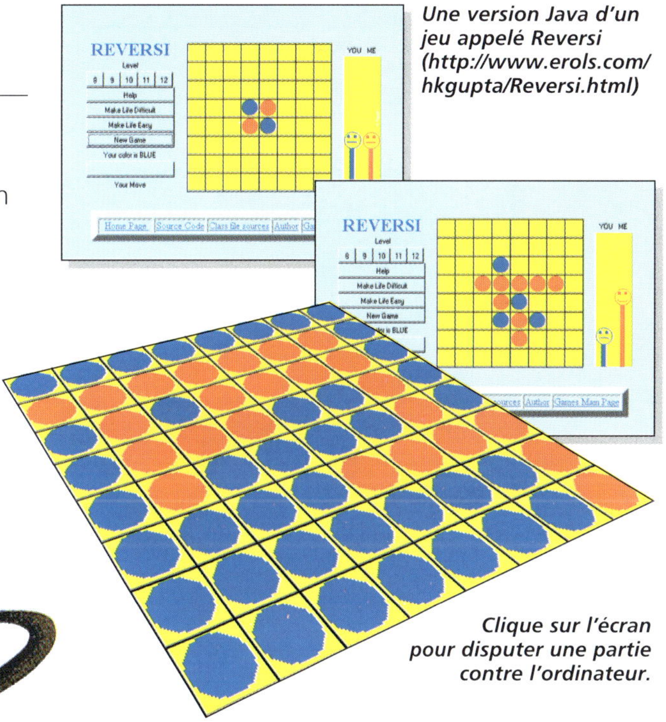

Une version Java d'un jeu appelé Reversi (http://www.erols.com/hkgupta/Reversi.html)

Clique sur l'écran pour disputer une partie contre l'ordinateur.

La vidéo

Tu peux incruster un clip vidéo sur une page Web en procédant de la même manière que pour un clip sonore. Toutefois, la création de clips vidéo est plus complexe et ceux-ci produisent des fichiers immenses que toi et les visiteurs de ton site aurez peut-être du mal à télécharger.

À mesure que les ordinateurs familiaux et ceux des écoles et des bureaux gagneront en puissance, les clips vidéo gagneront en popularité auprès des créateurs de sites et des utilisateurs du Web.

Les commentaires en retour

Une fois que ton site sera sur le Web, il serait intéressant de savoir combien de gens le visitent et ce qu'ils en pensent.

Comptabiliser les visites

Pour évaluer la popularité de ton site, tu peux y inclure un « compteur ». Il s'agit d'un petit programme qui enregistre toutes les visites sur un site. En jargon du Web, on dit qu'il comptabilise les hits.

La plupart des gens placent le compteur au bas de leur page d'accueil.

Un compteur

Des compteurs gratuits

Certaines sociétés présentes sur le Web te fourniront un compteur gratuitement (voir page 41). Le compteur en question se trouve sur leur ordinateur et elles t'autorisent à y relier ton site Web.

Pour obtenir un compteur gratuit, tu dois te rendre sur le site Web de ces sociétés et remplir un formulaire similaire à celui-ci :

Une partie du formulaire du site http://www.pagecount.com/

Les formulaires relatifs aux compteurs

En général, ce type de formulaire te demande des informations à propos de toi-même et de ton site. Parfois, il te propose en outre de sélectionner un style de compteur.

Voici quelques-uns des styles entre lesquels tu peux choisir sur le site http://www.pagecount.com/

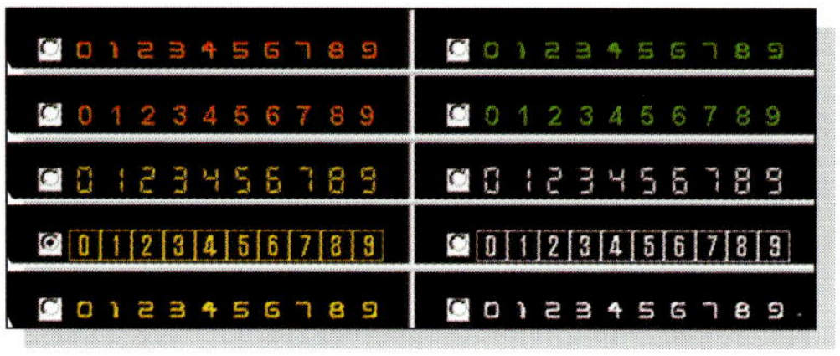

Une fois que tu as rempli un formulaire, sers-toi du bouton *Envoyer* pour le retourner à l'ordinateur qui te l'a fait parvenir. On t'indiquera alors le code qui te permettra de créer un lien depuis ta page d'accueil vers ton compteur.

Certaines sociétés envoient cette information directement sur une page Web. D'autres envoient un message électronique (voir page 31).

Le « livre d'or »

Le « livre d'or » (ou *guest book* en anglais) est un dispositif qui permet aux visiteurs de faire des commentaires relatifs à ton site et de lire les commentaires des visiteurs précédents.

À la page 41, tu trouveras une liste de sociétés qui fournissent ce type de dispositif gratuitement.

Problèmes de « feedback »

Les compteurs et les « livres d'or » gratuits constituent des outils appréciables. Mais ils ne sont pas complètement fiables. Ils ne fonctionnent que si l'ordinateur qui les héberge fonctionne lui-même. De temps à autre, cet ordinateur est susceptible de subir des dysfonctionnements. Quiconque visite ton site à ce moment-là ne sera pas comptabilisé. Il lui sera également impossible de laisser un message.

La messagerie électronique

La messagerie électronique, ou e-mail, consiste à envoyer des messages depuis un ordinateur vers un autre à travers un réseau. Les visiteurs de ton site peuvent se servir de la messagerie électronique pour t'adresser des messages. Mais ils doivent connaître ton adresse électronique.

L'organisation qui te fournit l'accès au Net t'a sûrement attribué une adresse électronique. Celle-ci est composée de deux sections : le nom de l'utilisateur et le nom de domaine. Ces deux sections sont séparées par le symbole @. Voici une adresse électronique imaginaire :

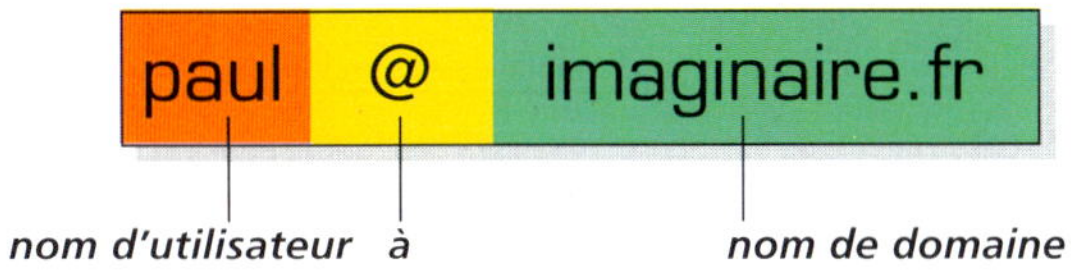

Pour préparer un message électronique, tu tapes ton message dans une fenêtre similaire à celle qui apparaît ci-dessous.

La fenêtre de Rédaction de Netscape Messenger

L'adresse du destinataire figure ici.

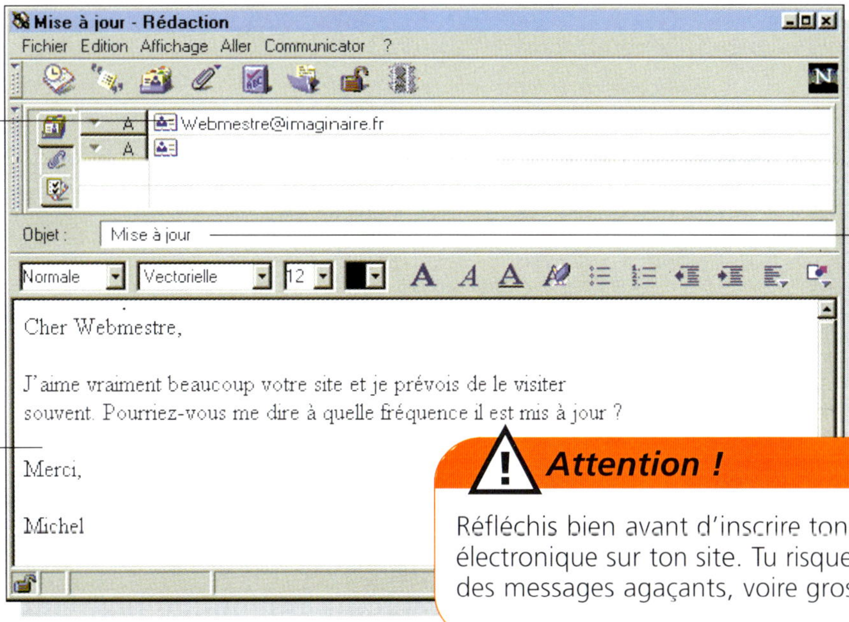

L'objet du message est inscrit ici.

Le texte du message est à inscrire dans le « corps ».

Un lien pour e-mail

Beaucoup d'utilisateurs du Net possèdent des programmes distincts pour naviguer sur le Web et envoyer des messages électroniques. Tu peux leur permettre de t'adresser des messages plus facilement en incluant un lien « mailto » (envoyer à) sur ton site. Il s'agit d'un lien qui indique au navigateur de lancer le programme de messagerie électronique et d'ouvrir une fenêtre qui contient ton adresse électronique.

Imagine que ton adresse électronique soit Webmestre@imaginaire.fr et que tu veuilles transformer les mots « Contactez notre Webmestre » en lien « mailto ». Il te faudrait insérer le code suivant dans la source : <A HREF="mailto:Webmestre@imaginaire.fr"> Contactez notre Webmestre</A>.

Le matériel de certains utilisateurs ne peut gérer un lien « mailto ». Pour t'envoyer un message, il leur faut copier ton adresse et la taper dans leur programme de messagerie. Alors, si tu veux que tout le monde puisse t'adresser des messages, n'oublie pas d'indiquer ton adresse électronique sur ton site.

Attention !

Réfléchis bien avant d'inscrire ton adresse électronique sur ton site. Tu risques de recevoir des messages agaçants, voire grossiers.

Comment décrire tes pages

On utilise des programmes appelés moteurs de recherche pour trouver des informations sur le Web. Les moteurs de recherche partent en quête de pages qui contiennent des mots spécifiques et affichent une liste des pages qu'ils ont trouvées. Tu peux ajouter à ta page des balises pour indiquer à ces moteurs de recherche le contenu de celle-ci. On les appelle des métabalises.

Les métabalises

Les métabalises le plus couramment utilisées sont les métabalises de description et les métabalises de mots-clés. Une métabalise de description résume le contenu (*content*) d'une page. Quant à l'autre type de métabalise, elle contient une sélection de mots-clés (*keyword*) qui s'appliquent au contenu de la page.

Les métabalises se placent entre les deux balises <HEAD>, au début d'un document source. Les informations contenues dans les métabalises n'apparaissent pas sur la page Web.

Un site Web sur les dinosaures à l'adresse http://www.dinosauria.com/

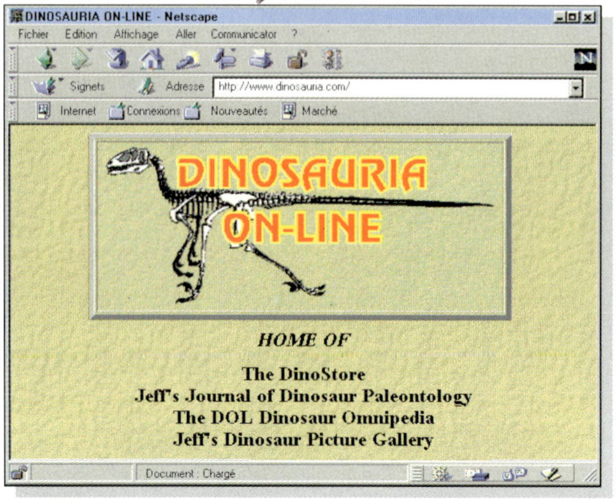

Certains des mots-clés de ce site sont « dinosaur », « DinoStore » et « Battatt Museum of Science ».

La balise de description

Une balise de description pour un site consacré aux dinosaures pourrait ressembler à ceci :

<META NAME="description" CONTENT= " Ce site contient des informations destinées aux enfants à propos des dinosaures, des muséums d'histoire naturelle et de la paléontologie. ">

Pour adapter cette balise à tes propres pages Web, change les mots situés entre les 3ᵉ et 4ᵉ guillemets. Essaie de penser à une description concise et claire qui ne dépasse pas vingt mots.

La balise de mots-clés

Voici une balise de mots-clés pour une page imaginaire sur les dinosaures :

<META NAME="keywords" CONTENT= " dinosaure, histoire naturelle, jurassique, paléontologie ">

Tu peux adapter cette balise à tes propres pages Web en remplaçant les mots situés entre les 3ᵉ et 4ᵉ guillemets.

Les moteurs de recherche

Quand un moteur de recherche recueille des informations au sujet d'une nouvelle page Web, il part en quête de métabalises. S'il n'en trouve aucune, il emploie ses propres méthodes pour déterminer le contenu de la page. Par exemple, il peut choisir d'afficher les premiers mots d'une page Web pour donner une idée de son contenu.

Prêt pour le Web ?

Voici quelques conseils de dernière minute avant que tu n'installes ton site sur le Web.

Précision et efficacité

Relis avec soin chacune des pages de ton site par l'intermédiaire de ton navigateur.

Assure-toi que toutes les informations fournies sont correctes et qu'il y a suffisamment de liens locaux pour permettre aux visiteurs de se repérer facilement (voir page 24).

Il n'est pas facile pour toi de considérer ton site du point de vue d'un visiteur. En effet, ce qui t'apparaît évident – par exemple, où trouver telle ou telle information – ne le sera peut-être pas pour quelqu'un d'autre. Si possible, demande à un ami d'explorer ton site pour toi. Il sera sans doute en mesure de fournir des suggestions d'améliorations.

Liste de contrôle

Vérifie ton orthographe et assure-toi que les faits et les chiffres sont corrects.

Vérifie que tous les liens locaux fonctionnent correctement. Pour ce faire, clique sur chacun d'entre eux pour voir s'il te conduit sur la bonne page.

N'oublie pas d'inclure un substitut textuel et de déterminer la taille de toutes les images (voir page 22).

Assure-toi que tu as spécifié la taille des fichiers importants, afin que ceux qui les téléchargent n'aient pas de mauvaise surprise.

Fais en sorte que les informations les plus importantes sur chaque page puissent être vues sans recourir à la barre de défilement.

Un peu d'ordre

Mieux vaut stocker tous les fichiers ayant trait à ton site Web dans un seul répertoire du disque dur.

Si ces fichiers sont nombreux, pourquoi ne pas créer des sous-répertoires à l'intérieur du répertoire principal ? Par exemple, tu pourrais créer un sous-répertoire qui contienne tous les fichiers-images. Si tu déplaces un fichier, n'oublie pas de mettre à jour le lien concerné sur ton site Web afin que les navigateurs puissent toujours le localiser. Si un navigateur ne peut pas localiser un fichier-image, il affiche une icône à la place.

Ci-contre, tu aperçois l'icône affichée par Netscape Navigator quand il ne peut localiser un fichier-image.

Utilise un matériel différent

Une page Web peut sembler légèrement différente lorsqu'on la consulte sur un autre ordinateur, un autre navigateur, un autre système d'exploitation ou par l'intermédiaire d'un autre type de connexion au Net. Si possible, consulte ton site Web sur différents ordinateurs pour vérifier qu'il « passe » bien sur chacun d'entre eux.

Les touches finales

Il est important d'inclure la date à laquelle tu as terminé de fabriquer ton site, afin que les visiteurs se fassent une idée de la « fraîcheur » de tes informations.

Enfin, fais plusieurs copies de tous les fichiers et range-les dans un endroit sûr. Si jamais l'ordinateur sur lequel tu transfères ton site a un problème, tu n'auras pas tout perdu !

Les fournisseurs d'espace Web

Les sites Web sont stockés sur de puissants ordinateurs, appelés serveurs ou hôtes. Avant que d'autres utilisateurs puissent visiter ton site, tu devras le transférer sur un serveur Web. À moins que tu ne disposes de ton propre serveur, il te faudra louer de l'espace mémoire sur celui de quelqu'un d'autre.

Il existe deux types de sociétés qui louent de l'espace mémoire sur des serveurs Web : les fournisseurs d'accès Internet et les sociétés d'hébergement.

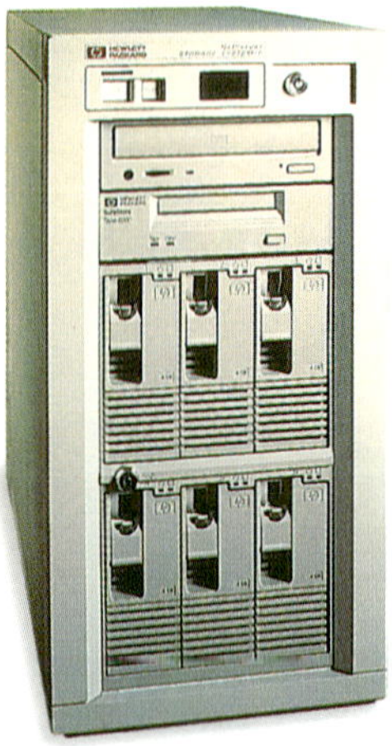

Un serveur

Les fournisseurs d'accès Internet

Les fournisseurs d'accès Internet (FAI) sont des sociétés qui donnent accès au Net et peuvent être des fournisseurs de services Internet (FSI) ou des services en ligne. Un FSI fournit seulement l'accès au Net, alors qu'un service en ligne donne également accès à un réseau d'information privé.

La plupart des FAI fournissent à leurs clients entre 1 et 5 méga-octets (Mo) d'espace mémoire sur un serveur Web. Un méga-octet représente un peu plus d'un million d'octets, ce qui est assez pour stocker un petit site Web personnel.

Les sociétés d'hébergement

Ces sociétés se spécialisent dans le stockage ou l'« hébergement » de sites Web. En général, elles offrent un espace mémoire important ainsi que des services supplémentaires tels que ceux décrits aux pages 38 et 39. Pour ces raisons, nombre de leurs clients sont des entreprises ou bien de grandes organisations.

Ces sociétés hébergent les sites Web d'entreprises.

Comment choisir ?

Tu trouveras des adresses de fournisseurs d'accès Internet et de sociétés d'hébergement dans les magazines consacrés au Net ou sur le Web (voir page 42). Chaque société propose des services et des tarifs légèrement différents des autres.

Voici quelques questions qu'il te faudra poser avant de déterminer quelle société hébergera ton site.

À quelle vitesse mon site sera-t-il téléchargé ?

Essaie de savoir quelle est la puissance des serveurs et comment ils sont reliés au Net. Plus le serveur est puissant, plus la bande passante du lien sera importante (voir à droite) et plus vite ton site sera téléchargé.

Il est recommandé de visiter le site Web des sociétés d'hébergement pour te rendre compte de la vitesse à laquelle leurs pages sont téléchargées. Si elles ne peuvent transmettre leurs pages rapidement, il y a peu de chances qu'elles te fournissent un meilleur service.

Quels services supplémentaires offrez-vous ?

En fonction du contenu de ton site Web, il se peut que tu aies besoin de services supplémentaires (voir pages 38 et 39). Par exemple, si tu as l'intention d'utiliser ton site pour vendre des objets, tu auras besoin d'une société qui t'offre toutes les garanties de sécurité afin que tu puisses recueillir des informations privées telles que des numéros de cartes de crédit ou de téléphone.

Il se peut que beaucoup de visiteurs de ton site accèdent au Net grâce à une ligne téléphonique numérique appartenant à un réseau appelé Réseau numérique à intégration de services (RNIS). Si c'est le cas, choisis une société disposant de ce type de connexion et assure-toi qu'elle est bien en mesure de te fournir tous les services supplémentaires dont tu as besoin.

Combien devrai-je payer ?

Sois certain d'avoir compris avec exactitude combien une société te fera payer pour héberger ton site. La plupart prélèvent un abonnement mensuel, mais certaines font également payer des frais de dossier au départ.

Chaque société propose des conditions différentes, pour des tarifs mensuels variables. Le prix que tu paieras sera fonction de la taille de ton site, du type de câbles utilisé par la société et des services supplémentaires dont tu auras besoin.

Y a-t-il d'autres frais ?

Parfois, l'abonnement mensuel ne couvre pas tous les services dont tu as besoin. Par exemple, il se peut que l'on te fasse payer chaque mise à jour de ton site. Essaie de trouver une société qui te laisse le modifier sans frais supplémentaires.

Chaque fois que quelqu'un visite ton site, un certain nombre de données sont copiées depuis le serveur qui héberge ton site vers l'ordinateur du visiteur. La plupart des tarifs communiqués par les sociétés qui hébergent les sites incluent une quantité limitée de transferts de données. Si ton site est fréquemment visité, ou s'il contient des fichiers très volumineux, il se peut que tu dépasses cette limite. En général, les sociétés comptabilisent les données copiées depuis ton site chaque mois et certaines font alors payer un supplément si la limite autorisée est dépassée.

Assurez-vous une assistance technique ?

Il te faudra peut-être des conseils pour savoir comment transférer ton site sur le Web et comment l'entretenir. Demande donc si une assistance est fournie aux clients, par téléphone ou bien par l'intermédiaire de la messagerie électronique. Assure-toi que cette assistance sera disponible lorsque tu en auras le plus besoin.

Bande passante

Satellite de communications

Quand deux ordinateurs ou plus sont connectés, un canal d'échange d'informations est constitué. Les ordinateurs présents sur le Net sont connectés par réseaux téléphoniques, par des câbles à fibres optiques ou par satellite. La quantité de données transférées par seconde varie selon le type de canal. La capacité de la bande passante est la quantité maximale de données qu'un canal peut transférer.

Les sociétés d'hébergement connectent leurs serveurs au Net de différentes manières. En général, celles qui utilisent les canaux les plus rapides sont aussi les plus chères.

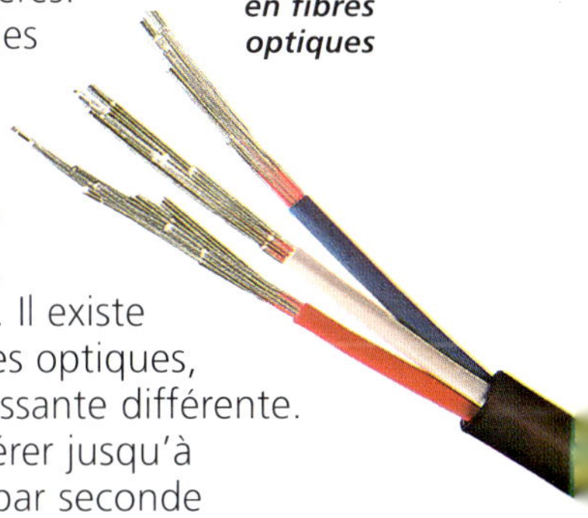

Câbles en fibres optiques

La plupart utilisent les câbles en fibres optiques pour connecter leurs serveurs à Internet. Ces câbles contiennent des filaments de verre appelés fibres optiques, qui transportent les données. Il existe quatre types de câbles à fibres optiques, chacun doté d'une bande passante différente. Les câbles T1 peuvent transférer jusqu'à 1,5 méga-octet de données par seconde (*megabytes per second* ou mbps), les T2 peuvent transférer jusqu'à 10 mbps, les T3 jusqu'à 30 mbps et les ATM jusqu'à 100 mbps.

Certaines sociétés d'hébergement connectent leurs serveurs à Internet par des lignes de type RNIS. Ces dernières ont une bande passante de 128 kilo-octets par seconde (kbps). Les utilisateurs du Web ne peuvent tirer avantage de la vitesse des transferts par RNIS que s'ils utilisent une ligne de ce type pour se connecter au Net et si leur ordinateur est doté du matériel et des logiciels nécessaires.

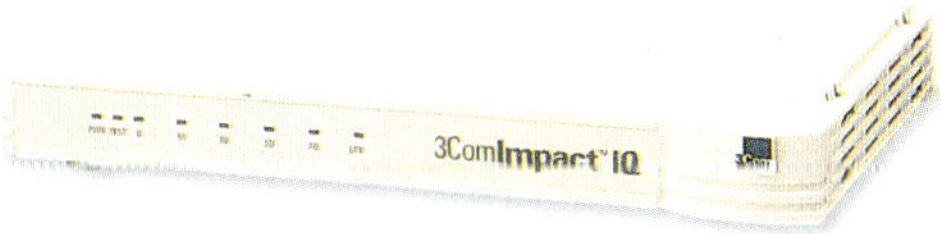

Voici un adaptateur de terminal RNIS. Ce dispositif permet à un ordinateur d'envoyer et de recevoir des données par l'intermédiaire de lignes RNIS.

Ce chapitre t'explique comment transférer les fichiers de ton site Web sur le serveur de la société qui va l'héberger. On télécharge des fichiers depuis son ordinateur vers un autre ordinateur présent sur Internet selon une méthode appelée File Transfer Protocol (FTP), c'est-à-dire un protocole de transfert de fichiers.

Les clients FTP

Pour transférer des fichiers par FTP, tu as besoin d'un programme appelé client FTP. À la page 41, tu trouveras une liste de clients FTP disponibles sur Internet.

Quand tu ouvres un client FTP, tu aperçois une fenêtre divisée en deux parties, similaire à celle qui figure ci-dessous. Sur la partie gauche se trouve la liste des fichiers stockés sur ton ordinateur, appelé ordinateur local. La partie droite est utilisée pour afficher les fichiers qui sont stockés sur d'autres ordinateurs, appelés ordinateurs distants.

La première fois que tu ouvres ton client FTP, la partie droite de la fenêtre est vierge. C'est parce que ton ordinateur ne s'est jamais encore connecté à un ordinateur distant.

La préparation

Pour installer ton site sur le Web, il te faut connecter ton ordinateur à l'ordinateur qui va l'héberger. Pour indiquer à ton client FTP de le faire, tu dois inscrire un certain nombre d'informations dans la boîte de dialogue, comme par exemple l'adresse de l'ordinateur hôte. Avec WS_FTP, cette boîte de dialogue apparaît chaque fois que tu démarres le programme. La société qui héberge ton site te dira exactement quelles informations tu dois communiquer pour te connecter à son ordinateur.

La connexion

Une fois que tu auras donné ces informations à ton client FTP, tu seras prêt à connecter ton ordinateur au serveur de la société qui va héberger ton site. Connecte-toi à Internet de la même façon que d'habitude. Puis clique sur le bouton *Connect* de ton client FTP. Lorsque le client FTP se sera connecté au serveur, les fichiers stockés sur ce dernier apparaîtront dans la partie droite de la fenêtre.

La fenêtre d'un client FTP nommé WS_FTP

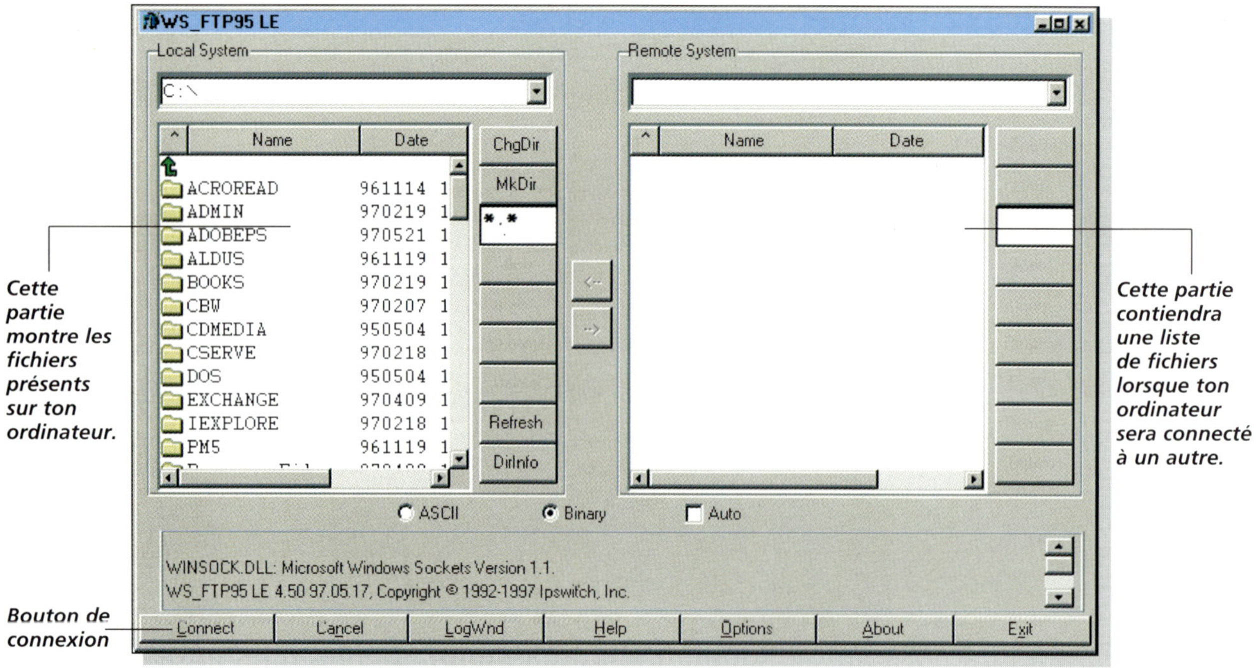

Le transfert des fichiers

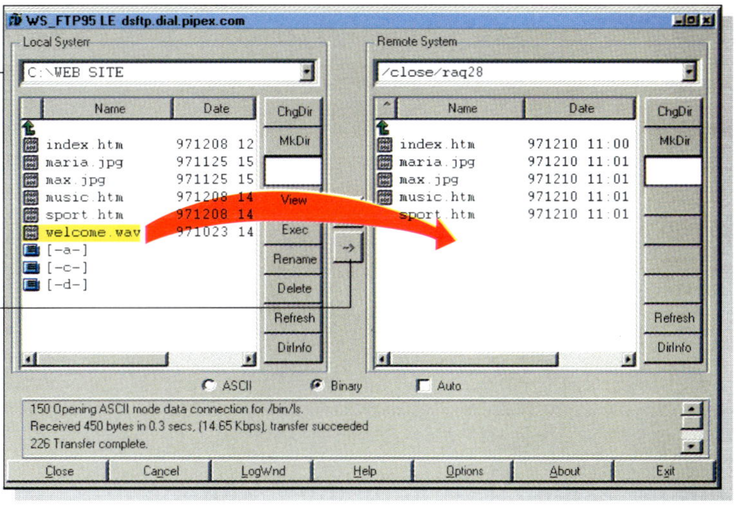

Le transfert de fichiers avec WS_FTP

Utilise ce bouton pour transférer les fichiers.

Grâce à la partie gauche de la fenêtre du client FTP, localise les fichiers de ton site Web sur le disque dur de ton ordinateur. Tu peux ouvrir un répertoire ou un dossier en double-cliquant sur son icône. Ensuite, dans la partie droite de la fenêtre, ouvre le répertoire du serveur dans lequel tu vas stocker ton site Web. La société qui héberge ton site t'indiquera lequel utiliser.

Pour transférer un fichier, sélectionne son nom de fichier avec ta souris et clique sur le bouton dont la flèche pointe vers la droite. Tu peux sélectionner plusieurs fichiers à la fois, mais il est plus sûr de les transférer un par un.

Lorsqu'un fichier a été transféré avec succès sur le serveur, son nom apparaît dans la partie droite de la fenêtre.

Dès que tu as terminé de transférer un fichier, quiconque a accès au Web pourra le consulter sous forme de page Web.

Après le téléchargement du site

Vérification des liens hypertextes

Tu dois t'assurer que tous les liens hypertextes de ton site fonctionnent correctement. Pour ce faire, connecte-toi au Net et télécharge ta page d'accueil en tapant son URL dans l'encadré *Adresse* ou *Site* de ton navigateur. La société qui héberge ton site t'indiquera l'URL de ta page d'accueil. Une fois la page d'accueil affichée, clique sur chacun des liens pour vérifier qu'il conduit à la bonne page.

La mise à jour du site

Pour mettre à jour ton site, tu dois modifier les sources stockées sur ton ordinateur. Une fois que tu es satisfait des changements, transfère la nouvelle version des fichiers sur le serveur. Ton client FTP remplacera automatiquement les anciennes versions par les nouvelles.

La publicité pour ton site

Pour permettre à d'autres utilisateurs du Web de trouver ton site, préviens de son existence plusieurs moteurs de recherche (voir page 43).

Pour ce faire, rends-toi sur la page d'accueil d'un moteur de recherche et cherche un lien hypertexte appelé *Add URL* ou *Ajouter URL*. Clique sur ce lien pour télécharger un formulaire d'inscription. Le moteur de recherche utilisera les informations contenues sur ce formulaire pour repérer et classifier ton site.

Pour éviter de répéter ce processus plusieurs fois, utilise un service qui communique automatiquement les détails relatifs à ton site à plusieurs services de recherche (voir page 43).

Chaque jour, des centaines de sites sont ajoutés au Web. Les moteurs de recherche ne visiteront donc pas le tien immédiatement. Il te faudra peut-être attendre plusieurs semaines pour que ton site apparaisse dans leur index.

Si tu crées un site pour promouvoir une organisation dont tu fais partie ou pour gagner de l'argent, pourquoi ne pas envisager certaines des options suivantes ?

La publicité

Tu peux faire connaître ton site en assurant sa promotion sur d'autres sites Web.

Sur le Web, la plupart des publicités se présentent sous la forme de bannières semblables à celles qui figurent ci-dessous. Les bannières apparaissent en haut des pages Web : ce sont des liens hypertextes vers le site dont elles assurent la promotion.

Une sélection de bannières

Le coût de la publicité

Le propriétaire du site sur lequel on affiche une bannière demande en général à être payé. C'est un bon moyen de gagner de l'argent. Ensuite, cet argent est utilisé pour l'entretien et pour l'amélioration du site hôte.

Si tu envisages d'afficher une bannière sur un site très fréquenté; par exemple les annuaires ou encore les moteurs de recherche, on peut te demander une somme assez élevée. Avant de payer, demande à connaître le nombre de visiteurs du site. Choisis-en un qui reçoit beaucoup de visiteurs : ce sont autant de visiteurs potentiels de ton propre site.

Il est toutefois possible d'afficher des bannières gratuitement sur certains sites moins connus. En échange, tu es dans l'obligation d'afficher leur bannière sur ton site.

Les formulaires

Beaucoup de sociétés se servent de leur site Web pour recueillir des informations sur leurs visiteurs à l'aide de formulaires. Ces formulaires se présentent comme des boîtes de dialogue. Ils peuvent contenir des cases à cocher, des listes d'options entre lesquelles choisir et des espaces où taper des informations.

Pour faire fonctionner un formulaire, il faut avoir recours au standard Common Gateway Interface (CGI) : le standard CGI définit les règles qui permettent à un programme d'interagir avec un serveur Web. Il te faudra apprendre à rédiger les scripts CGI ou trouver un expert pour t'aider.

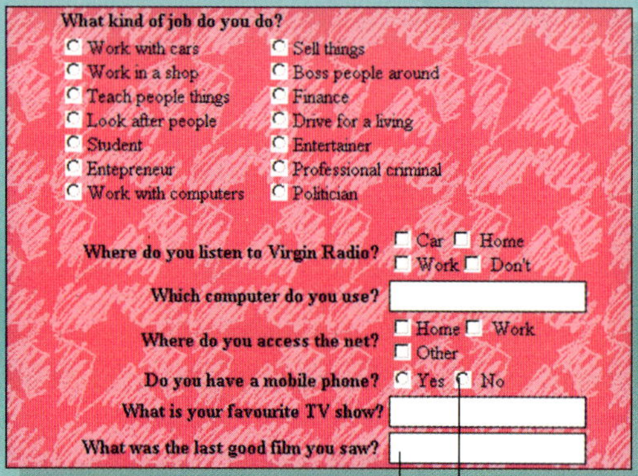

Tape la réponse ici. *Une case à cocher.*

Un formulaire du site http://www.virginradio.co.uk/

Les informations sur les visiteurs

Certaines des sociétés qui hébergent des sites Web utilisent des logiciels pour recueillir des informations sur la manière dont les visiteurs explorent ton site. Par exemple, un logiciel peut dénombrer le nombre de visites reçues par ton site durant une heure, déterminer de quel pays les visiteurs sont originaires et quelles sont les pages de ton site les plus populaires.

Ces informations sont stockées sur le serveur Web dans un fichier appelé journal statistique. Tu peux examiner ce journal à tout moment, par l'intermédiaire de ton navigateur ou en le téléchargeant par voie de FTP. Les informations qu'il contient t'aideront peut-être à rendre ton site plus performant.

Faciliter les recherches

Si ton site Web contient beaucoup de pages, tu pourrais y inclure un moteur de recherche. Les visiteurs n'auront qu'à entrer des mots-clés pour trouver immédiatement ce qu'ils recherchent.

Les moteurs de recherche s'avèrent particulièrement utiles sur les sites commerciaux. Les clients trouvent sans difficulté le produit qu'ils désirent. Les moteurs de recherche fonctionnent à partir de scripts CGI : tu auras donc peut-être besoin de l'aide d'un expert pour en installer un sur ton site.

Le moteur de recherche d'une librairie en ligne appelée Amazon (http://www.amazon.com/)

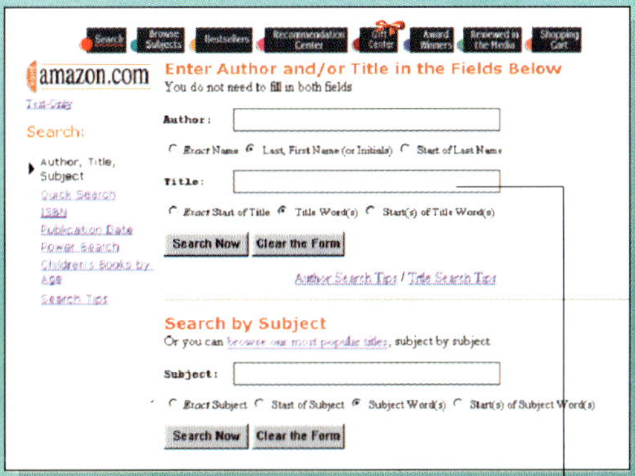

Inscris ici le nom du livre que tu recherches.

La sécurité

Beaucoup d'organisations se servent de leur site Web pour recueillir de l'argent auprès de clients ou de donateurs. Le moyen le plus simple d'effectuer un paiement, pour les utilisateurs du Web, consiste à envoyer les références de leur carte de crédit à travers le Net. Mais ils ne le font que s'ils ont la certitude que personne d'autre ne risque d'obtenir ces renseignements et de les utiliser pour leur voler de l'argent.

Pour faire en sorte que les informations fournies par e-mail ou par l'intermédiaire d'un formulaire soient inaccessibles aux intrus, il faut les coder avant de les transférer par l'intermédiaire du Net. C'est ce qu'on appelle l'encryptage. La plupart des sociétés qui hébergent des sites te donneront les moyens d'encrypter les informations privées que tu recueilles.

Les noms de domaines

L'URL d'un site Web commence toujours par **http://**, suivi d'une section appelée nom de domaine.

L'URL du site Web de la Maison Blanche

http://	www.whitehouse.gov

Le nom de domaine

Les noms de domaines sont contrôlés par des organisations baptisées Network Information Centers (NIC). Les NIC conservent la liste de tous les noms de domaines afin de garantir que chaque nom n'est employé que par une organisation.

Faire enregistrer un nom de domaine

Si tu veux, tu peux personnaliser le nom de domaine de l'URL de ton site afin qu'il soit plus facile à mémoriser, mais il te faut payer un NIC pour obtenir l'autorisation. C'est ce qu'on appelle l'enregistrement. Pour en savoir plus sur le tarif de cette opération, reporte-toi à la page 42.

Une fois que tu as fait enregistrer un nom de domaine, tu pourras être sûr qu'il n'est pas utilisé par d'autres sites. Quel que soit le serveur sur lequel ton site est stocké, tu peux utiliser un nom de domaine enregistré. Cela signifie que si tu changes de serveur, tu garderas la même URL.

Certaines des sociétés qui hébergent les sites Web font enregistrer ton nom de domaine auprès d'un NIC à ta place. Sinon, contacte le NIC local directement. Tu trouveras l'adresse des sites Web de plusieurs NIC à la page 43. Beaucoup de ces sites contiennent des formulaires d'enregistrement que tu pourras remplir en ligne.

Ces pages t'indiquent où et comment trouver des logiciels et d'autres fichiers sur le Net qui t'aideront à créer, puis à entretenir ton site Web.

Comment choisir un programme

Les programmes dont la liste se trouve à la page 41 sont regroupés selon les fonctions qu'ils accomplissent. Souvent, plusieurs programmes sont cités dans chaque catégorie, mais il ne s'agit que d'une sélection opérée parmi tous ceux qui sont disponibles sur le Net.

Ne te laisse pas impressionner par le choix. Il existe beaucoup d'informations sur le Web qui t'aideront à te décider. Par exemple, tu peux lire ce que d'autres personnes pensent d'un programme donné. Dans l'annuaire Yahoo!, les articles d'opinion sur les logiciels peuvent être consultés à l'adresse suivante :
http://www.yahoo.fr/Informatique_et_multimedia/Information_et_documentation/Tests_et_bancs_d_essai_de_produits/

Le logo de Yahoo!

Une autre solution consiste à visiter les sites Web de magazines informatiques en ligne : tu y découvriras l'opinion d'experts (voir page 43).

Si tu hésites encore à choisir tel programme plutôt que tel autre, le mieux est d'en choisir un qui est gratuit pendant une période d'essai. Tu ne paieras que si tu es satisfait au terme de cette période.

Les sites FTP

En général, les logiciels qui peuvent être copiés depuis Internet sur ton ordinateur sont stockés sur des serveurs appelés sites FTP.

Tu peux utiliser le navigateur pour télécharger un programme depuis un site FTP. Beaucoup de sites Web dont la liste figure ici contiennent un lien permettant de commencer à télécharger un programme donné. Une fois que tu as cliqué sur un lien, des instructions te sont fournies le long de la procédure de téléchargement.

Le téléchargement

La première étape consiste à fournir des informations relatives à ton ordinateur. Il se peut également qu'on te demande de sélectionner un site FTP depuis lequel copier le programme. Sélectionnes-en un qui se trouve dans ta zone géographique afin que le fichier soit téléchargé le plus rapidement possible.

Lorsque tu as fourni toutes les informations nécessaires, ton navigateur commence à télécharger le programme. Au bout de quelques secondes, une boîte de dialogue Enregistrer Sous... devrait apparaître. Indique à ton navigateur à quel endroit sauvegarder le fichier programme. Pendant que ce dernier est téléchargé, une fenêtre apparaîtra peut-être sur ton écran, pour te tenir informé de la progression du téléchargement (File Download).

Cette fenêtre commente le téléchargement.

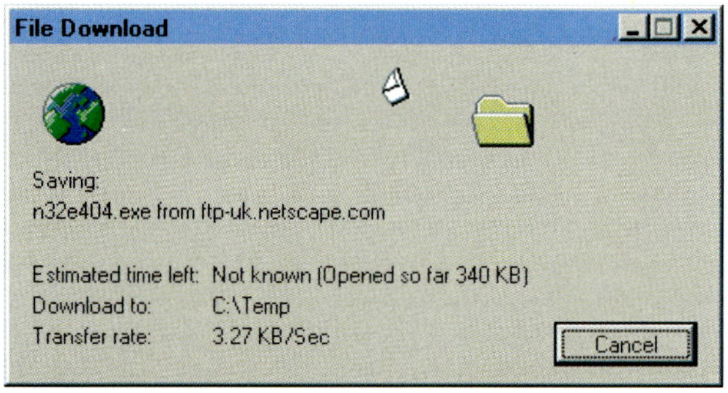

Lorsque le programme est téléchargé, la fenêtre disparaît. Déconnecte-toi du Net avant d'installer le programme.

La copie d'images depuis le Web

Pour enregistrer une image depuis le Web, place la flèche de ta souris dessus et appuie sur le bouton droit (si tu te sers d'un PC). Dans le menu qui apparaît alors, sélectionne l'option *Enregistrer cette image sous...* ou une option similaire. Une boîte de dialogue Enregistrer Sous... apparaît. Donne un nom à l'image et sélectionne l'endroit où tu veux la sauvegarder.

Adresses

Voici les adresses de sites à partir desquels télécharger des logiciels ou des éléments de copie tels que sons et images, qu'il te sera ensuite possible d'ajouter à tes pages Web.

Logiciels

Éditeurs HTML

Adobe PageMill : **http://www.adobe.com/**
Claris Home Page : **http://www.claris.com/**
DreamWeaver : **http://www.macromedia.com/**

Pour Windows seulement :
Hot Dog : **http://www.sausage.com/**
Microsoft® FrontPage® : **http://www.microsoft.com/**

Pour Macintosh seulement :
BB Edit : **http://www.barebones.com/**

Logiciels d'édition d'images

Pour Windows seulement :
L View : **http://www.lview.com/**
JASC Paintshop Pro : **http://www.jasc.com/**

Pour Macintosh seulement :
GraphicConverter : **http://www.goldinc.com/Lemke/**

Éditeurs d'animations GIF

Pour Windows seulement :
WebImage :
http://www.group42.com/webimage.htm
GIF Movie Gear :
http://www.visic.com/

Pour Macintosh seulement :
GIF Builder : **http://iawww.epfl.ch/Staff/Yves.Piguet/clip2gif-home/GifBuilder-F.html**

Programmes de mixage

CoolEdit : **http://www.syntrillium.com/**
Cubase : **http://www.steinberg.net/**
Mixman Studio : **http://www.mixman.com/**
Site d'où télécharger toutes sortes de logiciels liés au son : **http://www.hitsquad.com/**

Clients FTP

Pour Windows seulement :
WS_FTP : **http://www.ipswitch.com/**
CuteFTP : **http://www.cuteftp.com/**

Pour Macintosh seulement :
Fetch : **http://www.dartmouth.edu/pages/softdev/**

Programmes de décompression

Pour Windows seulement :
PKZip : **http://www.pkware.com/**
Winzip : **http://www.winzip.com/**

Pour Macintosh seulement :
StuffIt : **http://www.aladdinsys.com/**

Autres

Netscape Navigator® : **http://www.netscape.com/**
Microsoft® Internet Explorer :
http://www.microsoft.com/

InfoLink, vérificateur de liens :
http://www.biggbyte.com/

Ressources Web

Images et animations
http://www.w3.org/Icons/
http://www.barrysclipart.com/
http://the-web-connection.com/illustrer/

Arrière-plans
http://www.netscape.com/assist/net_sites/bg/backgrounds.html
http://www.multimania.com/brocante/

Applets Java
http://javaboutique.internet.com/
http://www.xhtml.net/
http://freeflight.cockpit.be/cyberyeye/

Sons
http://www.sounddogs.com/
http://www.microsoft.com/gallery/sounds/

Codes couleur
http://www.prgone.com/colors/
http://homer.span.ch/~spaw1287/html/couleur.html

Compteurs
http://www.pagecount.com/
http://www.compteur.com/
http://www.estat.com/

« Livres d'or »
http://www.moteur.org/
http://www.hit-parade.com/

Une fois que tu disposes d'une connexion Internet, il est possible de créer et d'entretenir un site Web élémentaire à très peu de frais. Toutefois, si tu choisis d'y ajouter certaines fonctionnalités, tu devras prévoir un budget plus élevé.

Ce chapitre te décrit plus en détail certains des services mentionnés par ailleurs. Un tableau en bas de page t'indique approximativement combien coûtent de tels services.

Scanner des images

Le prix de cette opération dépend de la définition de l'image scannée. Le tableau indique les prix habituels pour des images en couleurs d'une définition de qualité moyenne (voir page 20). Si tu fais scanner plusieurs images à la fois, tu obtiendras peut-être une réduction.

La plupart des magasins équipés d'un scanner s'attendent à ce que tu apportes une disquette. Une fois les images scannées, les fichiers sont transférés sur la disquette afin que tu puisses les remporter chez toi.

En principe, on te demandera de laisser les images et la disquette et de venir les rechercher plus tard. Si tu n'as qu'une image à scanner, peut-être trouveras-tu quelqu'un disposé à le faire sans délai.

Une connexion Internet

La plupart des fournisseurs d'accès Internet offrent un accès illimité pour une somme fixe à régler chaque mois. Ce tarif inclut en général de 1 à 5 Mo d'espace sur un serveur Web. Toutefois, il ne comprend pas le coût de la communication téléphonique chaque fois que tu te connectes sur leur serveur.

Si tu as déjà ouvert un compte auprès d'une société qui n'offre pas d'espace Web gratuit, tu pourrais en changer. Les magazines Internet regorgent de publicités pour les FAI de ta région. Une autre solution consiste à visiter l'annuaire (Directory) qui contient des liens vers les sites des FAI dans le monde entier. Voici son adresse : **http://www.thedirectory.org/**

De l'espace Web gratuit

Si tu te sers d'Internet à l'école ou bien par l'intermédiaire d'un cybercafé, tu n'auras sans doute pas éprouvé le besoin d'ouvrir un compte auprès d'un FAI. Cela ne t'empêche pas d'obtenir de l'espace sur un serveur Web. Plusieurs sociétés en offrent à des sites à vocation non commerciale (c'est-à-dire qui appartiennent à des personnes qui ne cherchent pas à s'enrichir sur le Web).
En voici une sélection :
http://www.multimania.fr/
http://www.geocities.com/
http://www.fortunecity.com/

L'enregistrement du nom de domaine

Les différents Network Information Centers (voir page 39) facturent chacun à leur manière les services d'enregistrement des noms de domaines. Dans la plupart des pays, ils prélèvent un forfait au moment de l'enregistrement, puis un abonnement annuel qui te garantit que ton nom de domaine demeure répertorié. Le forfait de départ tourne autour de 800 FF. Ton nom de domaine est réservé pendant deux ans. Ensuite, tu dois payer environ 400 FF par an pour continuer à bénéficier de ce service.

Ce tableau montre le coût approximatif des services.

	Accès illimité à Internet (/mois)	*Image scannée*	*Enregistrement de nom de domaine (/an)*
FRA (FF)	*100*	*50-80*	*400*
CAN ($)	*25*	*25*	*gratuit*
E-UNIS ($)	*20*	*10*	*50*
ROY-UNI (£)	*12*	*10*	*40*

Adresses utiles

Voici une sélection de sites qui pourront t'être utiles pour créer ton site Web.

Sites pour faire enregistrer un nom de domaine

France :
http://www.andco.net/

Allemagne :
http://www.nic.de/

Belgique :
http://www.dns.be/

Canada :
http://www.cdnnet.ca/

États-Unis :
http://www.internic.com/

Iles anglo-normandes :
http://www.isles.net/

Luxembourg :
http://www.dns.lu/

Royaume-Uni :
http://www.nic.uk/

Suisse :
http://www.nic.ch/

Organisations à but non lucratif :
http://rs.internic.net/rs-internic.html

Liens vers des sites NIC pour d'autres pays :
http://www.uninett.no/navn/domreg.html

Aide à la conception des pages Web

Débutants :
http://www.technosphere.tm.fr/
http://www.page-web.com/
http://www.philgate.com/
http://www.pageresource.com/

Confirmés :
http://www.webmaster-fr.com/
http://www.devparadise.com/
http://www.quadzilla.com/

Services de recherche

AltaVista :
http://www.altavista.com/
Chut !
http://www.chut.com/
Écila :
http://france.ecila.com/
Excite France
http://www.excite.fr/
Francité :
http://www.francite.com/
Lokace :
http://lokace.iplus.fr/
Lycos France:
http://www.lycos.fr/
Nomade :
http://www.nomade.fr/
Yahoo! France :
http://www.yahoo.fr/

Moteurs de recherche pour logiciels :
http://www.anshare.com/
http://www.megagiciel.com/
http://www.shareware.com/
http://www.download.com/

Sites qui soumettent des URL à des services de recherche :
http://www.submit-it.com/
http://www.devparadise.com/annonceur/

Magazines d'informatique

Mister Puce
http://altern.org/mrpuce/

L'Officiel du Net
http://www.officiel-du-net.com/

Planète Internet :
http://www.planete-internet.com/

SAM-Magazine :
http://www.sam-mag.com/

abc Dans cette liste, le sens de certains termes techniques est expliqué. Tout mot qui apparaît en *italique* est défini ailleurs dans le glossaire.

Adaptateur de terminal RNIS Dispositif qui connecte un ordinateur ou un fax à un système *RNIS*.
AIFF *Format de fichiers*-sons, conçu par la société Apple Computers.
Animation Effet obtenu par l'affichage d'une série d'images en succession rapide.
Applet Petit programme écrit dans le langage de programmation Java.
AU *Format de fichiers*-sons.

Backup ou **copie de sauvegarde** Copie d'une application ou d'un document informatique.
Balise Instruction en *HTML* qui indique au *navigateur* comment afficher telle ou telle partie d'un document.
Balise <BLOCKQUOTE> Instruction en *HTML* utilisée pour mettre en relief les citations sur une *page Web*.
Balise d'ancrage ou **ancre** Instruction en *HTML* utilisée pour créer des *liens hypertextes*.
Bande passante La capacité de transmission d'un lien entre deux ordinateurs, mesurée en *bits* par seconde (*bps*).
Barre Image longue et fine utilisée pour diviser les informations sur une *page Web*.
Bit La plus petite unité informatique.
Bps (*bits* par seconde) L'unité de mesure de la vitesse de transmission des données entre deux ordinateurs.

Carte d'extension Dispositif, tel qu'une *carte son*, qui accroît les capacités d'un ordinateur en lui permettant d'exécuter une tâche donnée.
Carte graphique Dispositif qui permet à un ordinateur d'afficher du texte et des images à l'écran.
Carte son Dispositif qui permet à un ordinateur de saisir et de lire des sons.
Client Programme qui permet à un ordinateur d'utiliser les services fournis par d'autres ordinateurs.
Client FTP Programme qui permet de contacter un autre ordinateur présent sur *Internet* et d'échanger des fichiers avec lui.
Clip art Images qui sont à la disposition de tous et permettent d'illustrer des documents informatiques.
Compression Le fait de convertir un fichier dans un format qui minimise la quantité d'espace mémoire qu'il occupe sur le disque dur.
Compteur Dispositif qui compte le nombre de fois qu'une *page Web* est *téléchargée* par les utilisateurs d'*Internet*.

Définition ou **résolution** Nombre de *pixels* qui constituent une image sur un écran d'ordinateur.
Dots per inch (dpi) Unité de mesure de la *définition*.

Éditeur d'images Logiciel qui permet de créer et de monter des images.
Éditeur de texte Programme qui produit des documents sous forme de texte.
Éditeur HTML Programme d'aide à la création de *pages Web*.
Élément structurel *Balise* qui est automatiquement suivie d'une fin de paragraphe.
Élément textuel *Balise* qui affecte l'apparence d'une partie de texte sur une *page Web*.
E-mail (courrier électronique) Messages transmis d'un ordinateur à un autre à travers un *réseau*.
Encryptage Conversion d'un message en code pour garder des informations secrètes.

Format de fichier La manière dont un programme stocke les informations sur un disque.
Format JPEG (Joint Photographics Expert Group) *Format de fichier*-image généralement employé pour les images qui contiennent un grand nombre de couleurs.
Formulaire Tout ou partie d'une *page Web* qui fonctionne comme un questionnaire. Il est possible d'y répondre en tapant les réponses dans des encadrés ou en cochant les cases dans le cas d'un questionnaire à choix multiple.
Fournisseurs d'accès Internet (FAI), ou **Fournisseurs de services Internet (FSI)** Sociétés qui vendent des connexions au *Net*.
Frame L'une des images d'une série qui constitue une *animation*.
FTP (File Transfer Protocol) Système utilisé pour transférer des fichiers d'un ordinateur vers un autre par l'intermédiaire du *Net*.

GIF (Graphical Interchange Format) Le *format de fichier*-image le plus couramment utilisé pour les images créées par *infographie* sur les *pages Web*.

Hôte Ordinateur présent sur un *réseau*, qui détient des informations auxquelles les utilisateurs du *Net* peuvent accéder.
HTML (HyperText Mark-Up Language) Langage informatique utilisé pour transformer les documents textes en *pages Web*.

Incruster ou **intégrer** Placer un objet (image ou son, par exemple) à l'intérieur d'un document informatique.

Infographie Création d'images assistée par ordinateur.
Informations du domaine public Informations qui n'appartiennent à aucune personne ou organisation particulière. On n'a pas besoin d'obtenir d'autorisation pour les utiliser.
In-line image Image qui apparaît sur une *page Web*.
Internet ou le **Net** *Réseau* informatique constitué de nombreux réseaux de plus petite taille.
Invalid Terme utilisé pour décrire un *lien hypertexte* obsolète ou une instruction *HTML* incorrecte.

Journal statistique Recueil d'informations au sujet de la manière dont un *site Web* est utilisé. Il est stocké sur le même ordinateur que le site Web.

Kilo-octet Environ 1 000 octets.

Lecteur audio Programme permettant la lecture de fichiers sons.
Lien hypertexte ou **ancre** Mot, groupe de mots ou image sur une *page Web* renvoyant à d'autres pages Web lorsque l'on clique dessus.
Liste non numérotée Liste d'éléments de *page Web* qui apparaissent précédés d'une puce.
Liste numérotée Liste d'éléments de *page Web* ordonnée à l'aide de chiffres.
Livre d'or Dispositif qui permet aux visiteurs d'un *site Web* de faire connaître leur opinion sur celui-ci.
Log off Se déconnecter d'un *réseau*.
Log on/in 1. Connecter à un *réseau*.
2. Démarrer un ordinateur.
Logiciel Programme qui permet à l'ordinateur d'exécuter certaines tâches.

Matériel (hardware) L'équipement qui constitue un ordinateur ou un *réseau* informatique.
Mbps (megabytes per second) Méga-octets par seconde.
Métabalise *Balise* qui aide un *moteur de recherche* à répertorier une *page Web*.
Microphone Dispositif qui convertit des sons en signaux électriques qui peuvent être traités par un ordinateur.
MIDI (Musical Instrument Digital Interface) Méthode d'échange d'informations entre ordinateurs et instruments musicaux électroniques.
Modem (Modulateur/démodulateur) Appareil permettant d'envoyer et de recevoir des données par l'intermédiaire de lignes téléphoniques.
Module d'extension (plug-in) *Logiciel* qu'on peut adjoindre au *navigateur* pour lui permettre d'exécuter des fonctions supplémentaires, comme l'affichage de clips vidéo.
Mot-clé Tout mot qui décrit le contenu d'un document.
Moteur ou **index de recherche** Type de programme à l'intérieur d'une *page Web* qui recherche des *pages Web* contenant certains mots ou phrases.

Navigateur (browser) *Logiciel* utilisé pour consulter des documents sur le *Web*.
NIC (Network Information Center) Organisation qui contrôle les *noms de domaines*.
Nom de domaine Nom qui identifie un ordinateur donné présent sur *Internet*.
Numérique Mot utilisé pour décrire une information enregistrée sous la forme d'un code constitué de chiffres qui peut être compris et traité par les ordinateurs. On l'utilise aussi pour décrire un dispositif – un ordinateur, par exemple – capable de traiter ce code numérique.
Numériser Le fait de convertir des informations en code *numérique* qui peut être traité par les ordinateurs.

Octet Unité qui représente huit *bits*.
Off-line Non connecté à *Internet* (hors-ligne).
On-line Connecté à *Internet* (en ligne).

Page d'accueil Page d'introduction qui contient des liens avec les autres pages d'un *site Web*.
Page Web Document informatique rédigé en *HTML* et relié à d'autres documents informatiques par des *liens hypertextes*.
Pixel (picture element) Point minuscule qui fait partie d'une image. Tout ce qui apparaît sur un écran d'ordinateur est constitué de pixels.
Plate-forme Caractérisation combinant le type de *matériel* constituant un ordinateur, par exemple PC ou Mac, et le type de système d'exploitation, par exemple Windows ou OS.
Programme de traitement de texte Programme capable de produire des documents textes avec une mise en page complexe et différents styles de caractères.

Réseau Plusieurs ordinateurs et autres appareils reliés les uns aux autres de sorte qu'ils puissent partager informations et équipement.
Résolution Voir *définition*.
RNIS (Réseau numérique à intégration de services) Méthode utilisée pour envoyer des données informatiques à travers des réseaux téléphoniques *numériques*.

Scanner Appareil qui *numérise* les images et les stocke sur des fichiers informatiques.
Script CGI (Common Gateway Interface Script) Type de programme qui traite les informations inscrites sur un *formulaire*. En réponse à ces informations, il crée parfois des *pages Web* automatiquement.
Sécurité Protection d'informations de sorte que les utilisateurs non autorisés n'y aient pas accès.
Serveur Ordinateur qui se met à la disposition d'autres ordinateurs sur un *réseau*. Certains serveurs stockent des informations utilisées par d'autres ordinateurs présents sur le réseau.
Service en ligne Société qui te donne accès à son *réseau* privé, contenant différentes sortes d'informations, et te donne généralement accès à *Internet*.
Site Web Ensemble de *pages Web* constitué par une organisation ou bien par un individu et généralement stocké sur un même *serveur*.
Source Code en *HTML* qui constitue une *page Web* donnée.
Substitut textuel Texte affiché par un *navigateur* à la place d'une image.
Système distant L'ordinateur auquel un utilisateur est connecté par l'intermédiaire d'un *modem* et d'une ligne téléphonique.
Système local L'ordinateur sur lequel l'utilisateur travaille, par opposition au *système distant*.

Télécharger Copier des fichiers sur son ordinateur à partir d'un autre ordinateur présent sur le *Net* (en anglais *download*), ou depuis son ordinateur sur un autre (en anglais *upload*).
Titre Partie d'une *page Web* qui apparaît dans la barre de titre de la fenêtre d'un *navigateur*.

URL (Uniform ou **Universal Resource Locator)** Adresse spécifique d'une ressource présente sur *Internet*.

Vérificateur de liens Programme qui teste les *liens hypertextes* pour vérifier qu'ils fonctionnent toujours.
Virus Programme qui interrompt le fonctionnement normal de tes *logiciels* et de ton *matériel*.

WAV *Format de fichiers*-sons, conçu par la société Microsoft.
Webmestre (en anglais *webmaster*) Personne qui crée des *sites Web* et qui les anime.
World Wide Web Immense concentration de données disponible sur *Internet*. Les données sont divisées en *pages Web* qui sont reliées par des *liens hypertextes*.

Les caractères spéciaux en HTML

Il est possible d'utiliser des caractères accentués sur ta page Web, mais attention ! Il faudra les remplacer par ce qu'on appelle des entités HTML. Ce sont des codes spéciaux qui indiquent à ton navigateur d'afficher un caractère accentué. Par exemple, le mot **déjà** va apparaître dans le document source sous cette forme **déjà**. Cela semble bizarre, mais lorsque tu regarderas le document à l'aide du navigateur, tu verras le mot avec les accents. (Si tu te sers d'un éditeur HTML, c'est plus facile encore : la plupart des programmes de ce type remplacent les caractères accentués par des entités HTML automatiquement.) Voici une liste des entités HTML les plus utilisées en français.

Caractère	Entité HTML				
		ï	ï	Ê	Ê
		œ	œ	Ë	Ë
à	à	ô	ô	Î	Î
â	â	ù	ù	Ï	Ï
ç	ç	û	û	Œ	Œ
è	è	À	À	Ô	Ô
é	é	Â	Â	Ù	Ù
ê	ê	Ç	Ç	Û	Û
ë	ë	È	È	«	«
î	î	É	É	»	»

Index